知っておきたいこれからの情報・技術・金融

―真剣に夢を持ち続けるために―

松田綜合法律事務所
弁護士 松田純一
Junichi Matsuda

はじめに

「人類の進歩と調和」

１９７０年に大阪で開催された万国博覧会（ＥＸＰＯ70）のテーマである。当時私は小学４年生。父親に連れられて、わくわくしながら山形県から観に行ったことを思い出す。

この時初めて、テレビ電話やコードのないプッシュボタン式の携帯電話機が紹介されて大きな話題となり、来場者は無料で通話を楽しむことができた。ロボット館は、未来が現実に感じられるとして人気を集めた。動く歩道は、１９６７年の阪急梅田駅が日本初とされるが、大阪万博で紹介されてから急速に普及するようになった。

技術は人の夢や想像をカタチにしたり、未来を見せたりすることで人の心を動かす。これまでも、技術の急速な進歩はモノやサービスの選択肢を増やしただけでなく、私たちの生活や行動パターンを大きく変えた。買い物は実店舗とインターネットの両方を利用するようになり、インターネットでは日用品は言うに及ばず、１０００万円もする高級腕時計も販売されている。多機能付きパソコンと呼ぶにふさわしいスマートフォンが登場し、電話やメールのほか、ショッピング、ライン、検索、カメラ、テレビ、ビデオ、音楽、ゲームなどに使われ、生活シーンの中にすっかり浸透した。

スマートフォンは誕生後約10年の間に人工知能（ＡＩ：Artificial Intelligence）、フィンテック（Fintech：金融 Finance とテクノロジー Technology を組み合わせた造語）、ＩｏＴ（Internet of Things：モノのインターネット）とも深く関連する、手軽に持ち運べる端末機器へと進化した。10年どころか数年前には遠い世界のように感じたことや想像すらできなかったことが、日常の現実となり、情報共有も簡単でリアルタイムとなった。新しい技術が普及した背景には、開発コストやサービスを普及させるコストが著しく下がったこともあるが、特に、スマートフォンの進歩と普及が大きな鍵となっていることは周知のとおりだ。

私は、情報技術や人工知能関連の書籍、それにメディアの報道を通じて、「革新的な技術の利用に遅れることは時代の波に取り残されることであり、大きな機会損失を招く」という危機意識を日々感じるようになった。近年の技術革新のスピードには目を見張るものがあり、何がどこまで進んでいくのか、考えてもわからないことだらけだ。社会の大きなうねりや転換点では、むやみに追従しないように注意すべきだが、社会の至るところに見られる技術革新という流れが力強い本流であることは疑うべくもない。

技術革新への対応をビジネスの視点で考えると、概して人材に余裕のある大企業であれば専門部署や専任担当者を置くことで対応できる。一方、中堅中小企業は専門人材の確保や配置では、なかなか十分な対応とまではいかないのではないか。

しかしながら、先端技術の利用により、大きな効果が期待できるのは、むしろ人材確保に悩む中堅中小企業なのだろう。中堅中小企業が新たな成長戦略を展開し、生産性を向上させながら事業を継続させていくには、先端技術の上手な利用が不可欠。費用対効果の検証は前提となるが、大抵の場合、先端技術の利用は明らかに効率がいいからだ。技術を上手に取り入れることのできる企業は、ビジネスを成功へと導く確率が高い。

ところで、企業が先端技術をハードウェアとして取り入れた場合は導入から結果まで効果が見えやすいが、ソフトウェアとして取り入れる場合は、その効果が見えにくい。しかし、その違いに注意を払わない経営者は、競合先企業との格差を広げ、時代に取り残されてしまうことにもなるだろう。私自身、現在、法律事務所の代表を務めている。実業と法律という分野の違いはあるものの、経営という意味では、一般企業も法律事務所も大きな違いはない。まずは事業を継続していくマネジメントが求められるが、そのためにも時代の潮流の理解が欠かせない。

本書では、技術革新についての関連書籍、雑誌、新聞、インターネット、さらには日々の業務を通じて感じたり、知り得たりした私自身の考え方を披露し、加えて、親交のある専門家とのインタビューを掲載した。先端技術、ＡＩ、フィンテック、ドローンなどについても触れているが、私は個々の技術について専門的な掘り下げはできないし、またその任でもないため、情報の偏りはご容赦いただきたい。一方、情報技術をビジネスと絡めて考え、一見異なるテーマと思える「今、企業に求められるものは何なのか」「デジタル革命時代の企業価値とは何なのか」といった内容にも紙面を割いている。

また、企業法務に携わる弁護士として、情報技術の専門知識そのものの提示はできないものの、経営者や責任者の方々と一緒に、対象となる課題について最適な解決策を見出したいと考えている。そのためには、対象となる事柄だけでなく、その周辺の事情や社会で起きていることを俯瞰して理解することが欠かせない。したがって、前述の派生的な事柄や本題と一見関係のなさそうな事柄に触れるページも多くなった。

弁護士業も法律だけでなく、幅広い知識と経験に裏付けられたコンサルティング能力が必要な時代となった。幸いなことに、製造業やサービス業だけでなく、ＩＴ、金融、コンサルタントなどの業界に信頼できる知人、友人がいる。日々の業務に対する心構えとして、私自身、世の中の動きに遅れないようアンテナを高くするのはもちろん、情報技術に限らず、私の事務所は常に所外関係者や専門家の協力を得て、顧客にとっての最善策を示すのが目標だ。

政治経済を含む社会の動きは、科学ではないため、完璧な予測はもとより不可能だ。混沌とした世界情勢に翻弄される社会で生きていくには、できるだけ最先端の使える道具を準備して、有効に使うという方法で臨むしかない。無策は企業経営にとって大きなリスクとなる。

この本で、技術革新、金融革命などの流れを確認しながら、私たち個人や企業の現在と将来を一緒に考えていただきたい。一つだけお願いしたいことは、私たちを取り巻く新しい技術やサービスの本質や必要性、さらに影響などを「懐疑的に考える機会」にしていただきたいということだ。懐疑的に考えることで「何をすべきか」「何をすべきではないのか」という、人としても企業としても大切なことが見えてくると考えている。

新しいものでも古いものでも有益なものはどんどん使い、利用者の観点から意見を述べたり、改善点を提案したりして品質を向上させ、より便利なものへと進化させる。こうした態度やアプローチが必要であるし、これもスキルのひとつだろう。

本書を読んでいただき、面白く感じられたり、ひょっとして読者に相応しい方針や対策のヒントとなれば、これ以上の喜びはない。

二〇一八年七月

松田 純一

知っておきたい　これからの情報・技術・金融
―真剣に夢を持ち続けるために―

目次

第3章　通信とIT産業が全産業をリードする

第4章　AIは人間と社会をどう変えるのか

カバーデザイン／片岡伸雄

第１章

すべての企業がＩＴ経営に向かうべきだ

――技術革新によりビジネスモデルが一変した

先進的な技術革新により従来のビジネスモデルが退場を余儀なくされ、全く新しいモノ、サービス、システムが登場しつつある。仕事の進め方だけでなく、私たちの行動様式や文化までもが技術革新の影響を受けており、企業は組織、制度と資源（ヒト、モノ、カネ）の配分について、根本的な見直しと改革を求められている。

数年前まで、企業は「良いものを安く（競争力のある価格で）十分に」という主観的な価値観で、モノやサービスを消費者に一方向で提供してきた。ところが、近年の社会では「双方向」「リアルタイム」「情報の伝播・拡散」が一般的となり、消費者による評判は善くも悪くもアッという間に拡散し、リツイートによって情報の受信者がすぐさま発信者になることも普通となった。消費者の対応がリアルタイムとなったため、それに対する企業の反応もリアルタイムにスピーディにする必要があり、対応の遅れや誤りは企業に甚大なダメージを与えるようになった。

スマートフォンが普及し、通信ネットワークの整備とコストの低下によってインフラが整い、それを利用するビジネスやソーシャル・ネットワーキング・サービス（SNS）が立ち上がり、私たちも様々なサービスの利用に慣れてきた。

それほどまでに大きな変革が起こっているにも拘らず、日本の経営者のＩＴ投資に対する意識は諸外国に比較すると低いといわれる。全社的な対応や投資ではトップの決断が必要になるため、直面する変革は、マーケットの先行き予想をしてみて、従来のコツコツ型経営だけで良いのか突き詰めて考えてみる、そのうえで、組織の全体最適の見直しと顧客満足度の向上を実現するためのチャンスと捉えたい。

これまでの前例や慣習をいったん白紙とし、製造や営業に関係する部門部署だけでなく、財務会計や人事総務も含む組織の全体の見直しが不可欠となることもある。機器やソフトウェアが新しくなり、事業の基盤となるインフラストラクチャやサプライチェーンも変わりつつある。

技術革新によって既存のビジネスが単純に電子的な方法に置き換えられたのではなく、新しいビジネス環境に最適化された新しい活用方法が生み出され、消費者や社会に広がり活用されている。それは、フィンテック、ＩｏＴ、ＡＩといった言葉とともに、まったく新しい技術革新が私たちの支持を得ており、成長の土壌を築きつつあるということだ。

もちろん、ＩＴ導入の必要性と効果が業種や個々の業態によって異なるため、自己満足的な導入は逆効果になる可能性もある。ＩＴ導入の是非は、気になって仕方がないという高い意識のアンテナから日々「気付き」を得ながら、専門家も加えて検討すべきだろう。

——ITは労働力不足や高齢化などの諸問題を解決する

日本経済の屋台骨を支える経済成長の源泉は中小企業であり、企業数の99・7％を占める。近年、中小企業全体の減少ペースはようやく緩やかになってきたものの、中小企業庁によると、2009年に420万社であった中小企業数は2012年には35万社減の385万社に、さらに、2014年では4万社減の381万社へと推移している。

大企業の数がさほど変化していないにも拘らず、中小企業が減少している理由は、業績不振を原因とする倒産だけではない。2008年以降、倒産件数はむしろ減っており、休廃業、解散件数が増えている。経営者の高齢化、後継者不足、人材不足の深刻化といった構造的な課題が横たわり、しかも深く進行しているのである。

労働力確保のための対策は、個人が年齢にとらわれず長く働くこと、そしてITの活用であろう。ITを導入できる人材がいない、導入効果がわからない、もしくは評価できない、コストを負担できないと考えてIT投資をしない中小企業がある一方、IT投資の効果を理解し、クラウド事業等を手掛ける中小企業も確実に増えつつある。しかし、中小企業全体で見れば、

ＩＴ投資を行う企業の実数や内容はまだまだ不十分である。高齢化や人手不足といった難題の解決には、通信インフラを利用し、高齢者でもデジタル技術の活用により、できる仕事の幅を広げることが重要だ。

ＩＴ投資を進める際には、まず「目的」と「目標」をはっきりさせ、どのようなソフトウェアやシステムが必要になるのかを納得できるまで確認することが大切だ。

ＥＲＰ（Enterprise Resources Planning）という企業経営の基本である資源要素（ヒト・モノ・カネ・情報）を適切に分配し有効利用する考え方や、顧客関係管理（ＣＲＭ：Customer Relationship Management）という顧客満足度と顧客ロイヤルティの向上を通して、売上の拡大と収益性の向上を目指す考え方など、いろいろな手法があるが、大切なことは「自社に必要なものは何か」を突き詰めて知ることだろう。

信頼できるプロフェッショナルに相談し、規模・業種・業態・特徴に合ったシステムへの修正や時には開発も必要になるだろう。投資の際に留意すべきポイントは以下のように考えられる。

①　経営の実態の把握と分析ができ、情報としてまとめられること
②　迅速に導入でき、導入後の維持管理が容易で負担も少ないこと
③　自社の規模の成長や事業内容の変化、ビジネス環境の変化に柔軟に対応できること

――企業継続のための四つのテーマ

２０１６年、２０１７年の世界を振り返ると、英国のＥＵ離脱、米国トランプ政権の不安定さ、テロの頻発などが目立ち、先行きへの不安は相変わらず大きい。今の世界は「ＶＵＣＡ」（ブーカ）の時代と称される。Volatility（変動性）、Uncertainty（不確実性）、Complexity（複雑性）、Ambiguity（不透明性）の頭文字をつないだ新しい言葉だ。

政治経済情勢の不透明感はあるにせよ、技術革新は着実に進む。さらに、ＡＩに代表される高度な技術深化が起きている。私たちは、何が起こるか予測し難い視界不良の未来絵図を過剰に心配し暗中模索の状態に陥るのではなく、継続して稼げる企業を目指し、技術の恩恵を最大限活用できるよう、十分な準備と対策を図りたい。

不確実性が高く、過去の経験が必ずしも役に立たない時代には、「世間や世界で何が起こっているか」を把握して、自ら学ぶことが大切だ。時代の先端をいく様々な情報やニュースに触れ、新しい経営手法や技術を導入することが生き残りには欠かせない。

稼げる企業となることは目標というより、企業の継続性の前提条件といえる。特に、中小企業が取り組むべきテーマは以下の四つ。

①生産性向上のためのＩＴ活用（金融技術・サービスの利用）
②リスクマネジメント
③国内事業・マーケット展開（内需拡大）
④海外展開

これらの項目は、完全に独立したものではなく、それぞれ関連性がある。たとえば、パソコンによる伝票処理が十分でない事務所は、情報伝達でミスが生じる可能性が高く、間違いやミスの発見、修正も遅れるであろう。また、そのような職場は生産性が低く、労働力不足や人材不足が常態となり、新しいビジネスチャンスを創造する機会は失われるだろう。

――守りのＩＴ投資より攻めのＩＴ投資

ＩＴ投資の効果は、守りのＩＴ投資と攻めのＩＴ投資の二つに分かれるが、図１・図２に示

【図 1】守りのＩＴ投資

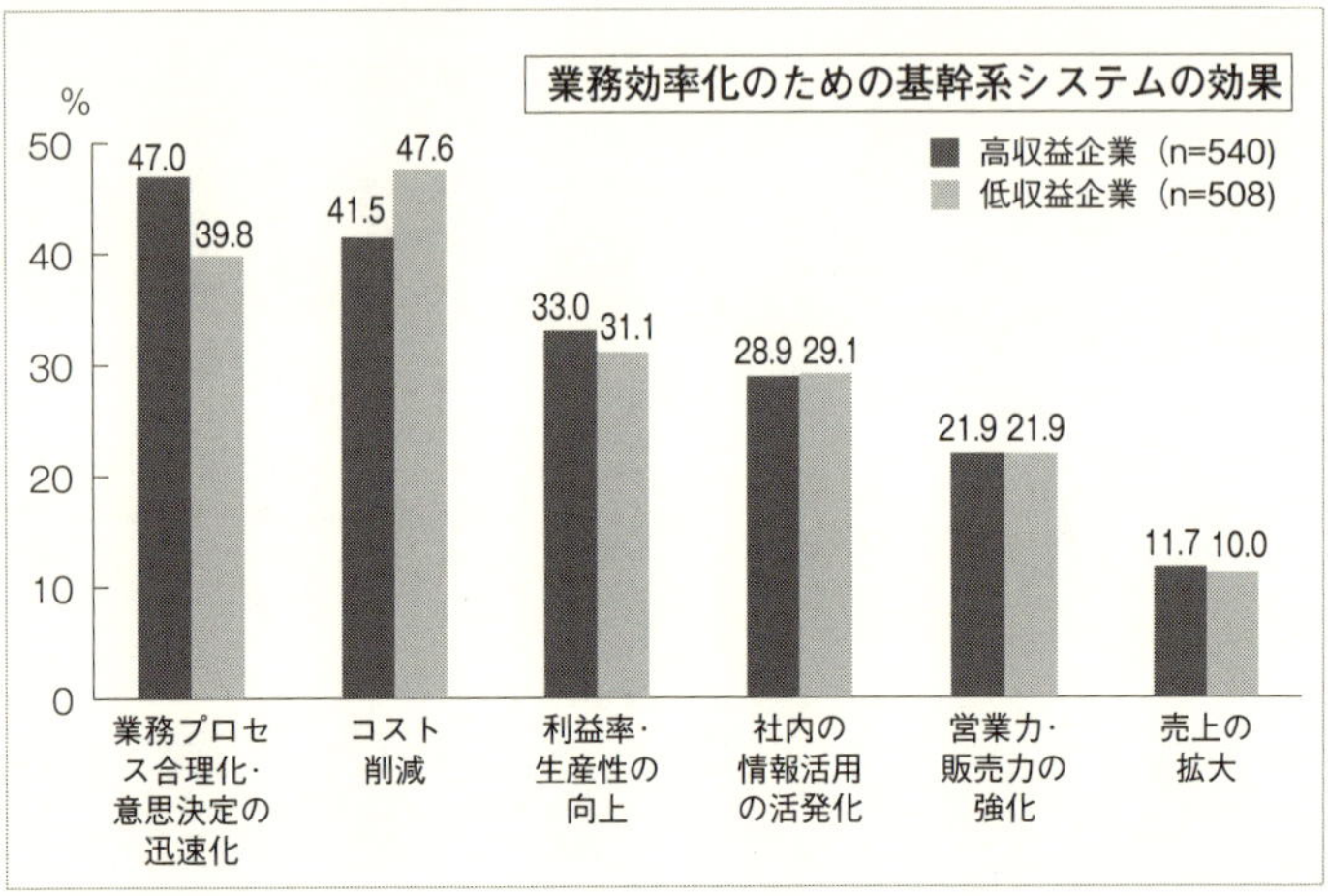

【図 2】攻めのＩＴ投資

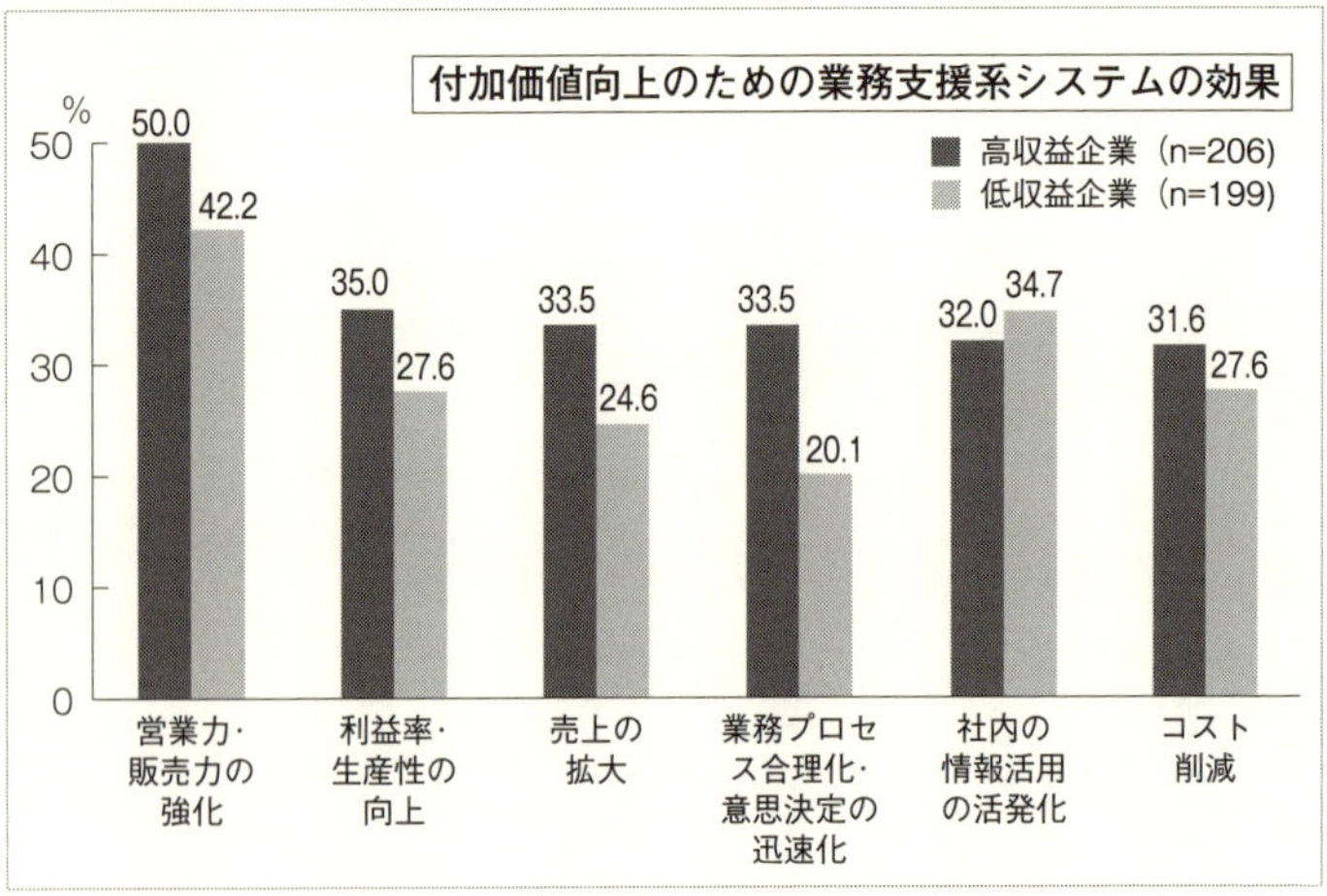

出典：（2点とも）2016年版 中小企業白書概要「中小企業の成長と投資行動に関するアンケート調査」（2015年12月、帝国データバンク）より一部編集

【図 3】IT 導入を収益拡大につなげるための取組み

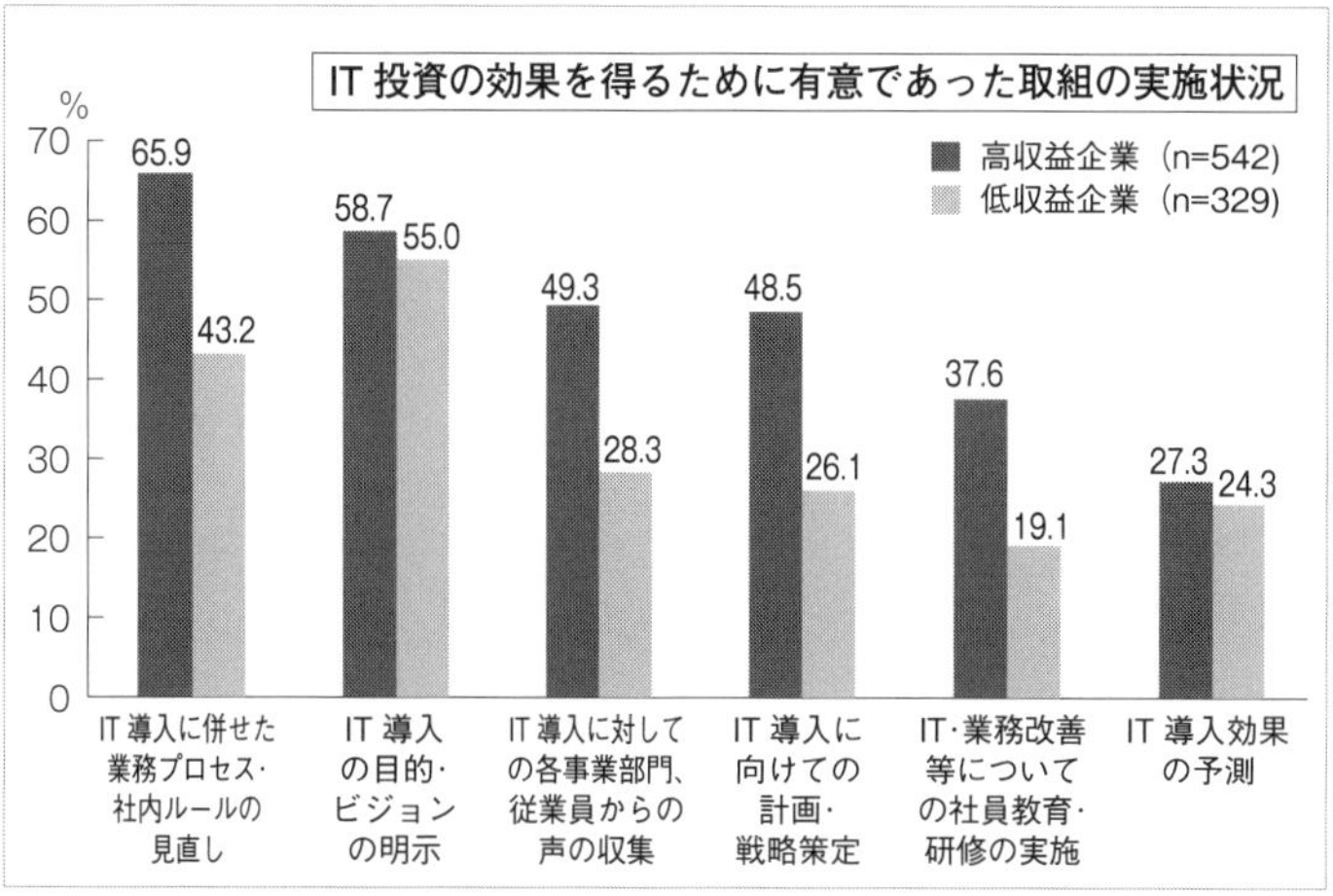

出典：2016年版 中小企業白書概要「中小企業の成長と投資行動に関するアンケート調査」（2015年12月、帝国データバンク）より一部編集

すとおり、特に、攻めのＩＴ投資の効果は高収益企業と低収益企業では差がある。

以前は、ＩＴ投資の目的は「コスト削減」という企業が多かったが、今は「新規ビジネスや事業拡大」という企業が多数派。攻めのＩＴ活用へと意識は変わりつつある。図３のとおり、ＩＴの有効利用が欠かせないことは明らかである。

企業規模に限らず、スピード感のある経営が求められ、社会や顧客のニーズに機敏に対応できるかどうかが、成長と衰退の分岐点となり、優良企業と残念な企業の二極化が進んでいく。

ソーシャルメディアが時としてマスメディアをしのぐ力を持ち、宣伝や評判などの情報が瞬時に伝播する時代は、中堅中小企業が大企業に伍して競争できる環境ともいえる。

また、一見順調に見える経営も、多くの場合は何もしないと緩慢に衰退していくか、状況の変化に遅れることになる。「動くこと」で、変化や解決策のヒントを得たり、解決策そのものを見出したりすることができる。そのためにＩＴが有効であれば、費用対効果を見極めたうえで導入すべきだ。そして、技術は日進月歩で発展しコストは安くなる傾向にある。今日の導入が採算上で厳しくても、３カ月後には可能かもしれない。

――「何をするのか」から「なぜ、するのか」が問われる時代に

企業を評価するものさしの一つに売上高がある。しかしながら、近年、企業の決算報告が新聞などのメディアで紹介される際、売上高よりも純利益やＲＯＥに焦点を当てられることが多く、新しい基準となっている。新聞を見る限り、大手商社の決算情報では売上高の記載すらなく注目もされていない。

情報公開とデジタル化が進展した現代では、企業情報は比較的容易に入手でき、財務情報に限らず、環境問題への対応、社会への貢献といった情報も期待されるようになった。特に「ミ

レニアル世代」と呼ばれる２０００年以降に成人となった若い人たちは、企業に「ビジネスを展開する社会的意義」を求める傾向が強い。

企業の在り方を考えると、需要に応え、雇用を生み出し、利益を得て法人税を支払い、継続して事業を行うという古典的な図式だけではもはや不十分となった。「ビジネスを展開する社会的な意義」をアピールできなければ、情報に敏感で批判もいとわない消費者の関心を引き留めておくことはできない。

米国のミレニアル世代の若者は、企業に対して「商品やサービスを売る」ということだけでなく、「なぜ、その商品やサービスを売るのか」という「意義と目的」を問う。わが国でもこうした意識が消費者の間に徐々に芽生えてきている。

また、米国の大学生は卒業後の進路として、ベンチャー企業への就職や独立に関心が高いといわれたが、近頃では社会的な存在意義の大きい会社を選ぶ意識が強くなった。社会における課題の解決や環境との共生といった分野で影響力のある大企業も見直されている。

20年くらい前までの企業評価では、企業は広告を通じて企業そのものや商品の情報を、曖昧な形で発信しても十分な効果があった。今では株主や消費者だけでなく、関係者、従業員までもが、実際の企業行動がその理念や目的にかなっているかどうか、企業のホームページを通じて厳しくチェックするようになった。かつての「何となく良い会社」という評価は、ほめ言葉ではなくなってしまった。

評価される側の企業や経営陣も、評価する側の消費者・株主・従業員も、それぞれの立場で「なぜ（Ｗｈｙ）」が問われる時代となった。とりわけ、食料品やその他一般的な消費財を販売する企業にとっては、明確な「意義と目的」を示す手段として、また、企業の商品戦略も兼ねた重要なツールとして、情報を発信するようになった。

たとえば、農産物であればその由来を明らかにするトレーサビリティ（traceability）を通じて、商品の生産者情報を公開して安全・衛生への配慮を伝えたり、調達地域や製造に関わる人たちの情報を通じて、社会に良い影響を与えていることを伝えたりする。一般的な消費財でも、製造方法が「エコ」「環境にやさしい」「その商品を買うことで収益の一部が社会貢献につながる」といったことを伝えており、こうした情報は、消費者が商品を買う動機にも直結している。

情報発信だけではないが、こうした企業の意義と目的が企業の組織内にも浸透すれば、それぞれの現場でもコミュニケーションが活発となり、個人がスピーディに活動し、前向きな気持ちで働けるようになるため、組織としての一体感につながっていく。その結果、組織としての成果をより早く獲得することができるだろう。

企業の持続可能性（sustainability：サステナビリティ）という言葉が近年頻繁に使われるようになった。持続可能性は、たとえこの言葉が少々すたれたとしても、企業の社会的責任と相まって、企業の存在意義に根本的に関わる重要なテーマであることは変わりがない。

持続可能性を論じる場合でも、儲かればよいという単純な回答だけでは愛想をつかされる。技術革新の時代にあって、「ＩＴ経営」は力強いメッセージとなる。

――ビジネスモデルにＩＴを活用する「攻めのＩＴ銘柄」

多くの企業は、経営、現場、ＩＴの各領域が有機的な連携をしていない、あるいは、現場とＩＴは連携しているものの、経営判断には直結していないという状態にある。ＩＴ投資の果実を得るためには、現場の仕事をＩＴ化するだけでなく、自社のビジネスモデルを再確認したうえで経営の視点を確認し、経営に主体的に参画することが重要だ。

２０１８年5月30日、経済産業省は東京証券取引所と共同で「攻めのＩＴ経営銘柄２０１８」32社を公表し（第4回目）、同時に、この銘柄に準じる評価を受けた企業または注目されるべき取組みを行っている企業として「ＩＴ経営注目企業」22社を選び、発表した。

選定にあたっては、ＩｏＴ、ＡＩ、ビッグデータ、ロボットなどの最新ＩＴの活用と新たなビジネスモデルを創出する取組みを重点的に評価すると同時に、「攻めのＩＴ――ＩＲガイドライン」を踏まえ、株主・投資家などやその他のステークホルダー、社内関係者に対して、「攻めのＩＴ経営」に関する適切な情報発信を実施しているかどうかも評価対象としている。

日本企業の低生産性や労働人口減少といった課題を克服し、経済の持続的な成長を促すためには、業務の効率化などに代表される「守り」のＩＴ投資では不十分であり、イノベーションを生み出す戦略的なＩＴの活用が不可欠である。この公表を通じて、企業経営者にＩＴ活用の重要性を理解してもらい、積極的に稼ぐ力を向上させていくための意識改革も狙いとしている。

自社のみにとどまらず、業種の枠を超えたり、他社のＡＩや技術ノウハウと提携した先進的な事例もある。このような事例の組合せや応用をモデルケースとして研究や応用の対象とすれば、企業の成長、ひいてはわが国の競争力の向上や成長につながることになる。

攻めのＩＴ銘柄の選定は、学識経験者、ＩＴ専門家、投資家ら「攻めのＩＴ経営」委員会による。委員長は一橋大学ＣＦＯ教育研究センター長の伊藤邦雄氏。東京証券取引所に上場するすべての企業に対して実施したアンケートの回答内容から、以下の五つの項目と財務状況においてスコアリングし、最終的に選定している。

① 経営方針・経営計画における企業価値向上のためのＩＴ活用
② 企業価値向上のための戦略的ＩＴ活用

③攻めのＩＴ経営を推進するための体制及び人材
④攻めのＩＴ経営を支える基盤的取組み
⑤企業価値向上のためのＩＴ投資評価及び改善のための取組み

〔選定基準〕
❶アンケート調査回答のスコア・ＲＯＥが一定基準以上であること
❷選定委員会による取組評価が一定基準以上であること
❸重大な法令違反等がないこと

参加企業数は、初年度の２０１５年で２１０社（18社選定）、２０１６年３４７社（26社）、２０１７年３８２社（31社）と確実に増え、２０１８年には４９１社（32社）と跳ね上がった。

２０１８年の評価ポイントとして「新たなビジネスや価値を創出するＩＴ活用であること」「ＲＯＥスクリーニング要件（３年平均）が引き続きマイナスでないこと」といった従来の要件に加え、レガシーシステムの刷新を取り上げている。レガシーシステムとは、技術面の老朽化、システムの肥大化・複雑化、ブラックボックス化などが見られるシステムのこと。これらに対し、中長期的な視点から攻めのＩＴの促進を図る取組みも高く評価しようというのである。

「攻めのIT経営銘柄2018」選定企業32社

※業種·コード順（本リストでは証券コード省略）

企業名	業種	2017銘柄	2016銘柄	2015銘柄
TATERU	建設業			
大和ハウス工業	建設業	●	●	
サッポロホールディングス	食料品			
アサヒグループホールディングス	食料品	●	●	●
帝人	繊維製品			
住友化学	化学	●		
富士フイルムホールディングス	化学	●		
ブリヂストン	ゴム製品	●	●	●
JFE ホールディングス	鉄鋼	●	●	●
小松製作所	機械			●
ＩＨＩ	機械		●	
日立製作所	電気機器		●	●
富士通	電気機器	●		
日産自動車	輸送用機器	●	●	●
凸版印刷	その他製品			
関西電力	電気・ガス業			
東日本旅客鉄道	陸運業	●	●	●
ANA ホールディングス	空運業			
ヤフー	情報·通信業	●	●	
伊藤忠テクノソリューションズ	情報·通信業	●		
三井物産	卸売業	●	●	●
Hamee	小売業	●	●	
日本瓦斯	小売業	●	●	
三菱 UFJフィナンシャル·グループ	銀行業	●		
みずほフィナンシャルグループ	銀行業	●	●	
大和証券グループ本社	証券、商品先物取引業			
東京海上ホールディングス	保険業			●
東京センチュリー	その他金融業	●	●	●
大京	不動産業			
レオパレス 21	不動産業	●		
LIFULL	サービス業	●		
ディー·エヌ·エー	サービス業			

「IT経営注目企業2018」選定企業22社

※業種·コード順（本リストでは証券コード省略）

企業名	業種	2017銘柄	2016銘柄	2015銘柄
大林組	建設業			
積水ハウス	建設業		●	●
三菱ケミカルホールディングス	化学			
資生堂	化学			
横浜ゴム	ゴム製品			
京都機械工具	金属製品			
ダイキン工業	機械			
日本電気	電気機器	●		
タムラ製作所	電気機器			
大日本印刷	その他製品			
中国電力	電気·ガス業	●		
日本航空	空運業	●	●	
システム情報	情報·通信業			
テクマトリックス	情報·通信業			
シンクロ・フード	情報·通信業			
TDC ソフト	情報·通信業			
パルコ	小売業			
ふくおかフィナンシャルグループ	銀行業			
カブドットコム証券	証券、商品先物取引業			
MS&ADインシュアランスグループホールディングス	保険業			
日立キャピタル	その他金融業			
ルネサンス	サービス業			

※本表での「2017/2016/2015銘柄」は各年次で「攻めのIT経営銘柄」に選定された企業を示す

出典：（右頁表ともに）経済産業省ホームページ

- 「攻めのIT経営銘柄2018」への応募アンケートの分析結果によると、銘柄に選定された企業の75%が資本生産性（ROE／ROIC）およびキャッシュフローともに改善していると回答。これは、その他企業37%の2倍。
- 銘柄企業は企業価値向上のためのIT活用でも、IR資料あるいは統合報告書で社外に開示している比率が78%と高い。

――技術革新が働く場所と時間を柔軟にする

官民協力による日本経済の成長拡大や企業の生産性向上に向けての取組みが進められるなかで、「働き方改革」が注目されている。ここでも、技術革新とIT活用が、クラウドソーシングやテレワークなど時間や場所にとらわれない働き方を可能とした。

技術進化のサイクルが速まり、仕事を含めたライフスタイルが変わってきている。避けて通ることもできるが、避けて通るとドンドン置いていかれる。便利でスピードアップした技術・サービスを最大限活用できる個人や経営者が、結局のところ、心地よくゆとりのある生活や活動をすることができるであろうし、それが生産性の向上にもつながる。

総務省「通信利用動向調査（平成28年）」によると、ICT（情報処理や通信に関する技術、産業、設備、サービスなどの総称＝Information and Communication Technology）を活用している企業が活用していない企業よりも、1社当たりの労働生産性が高いことが明らかになった。インターネットなどを利用して、時間や場所の制約を受けずに柔軟に働く勤労形態をテレワークというが、テレワークを実施している企業は実施していない企業の1・6倍、ICT教育を実施している企業は実施していない企業の1・3倍、クラウドサービスを利用している企業は利用していない企業の1・3倍、無線通信技術を利用したシステムやツールを導入している企業は導入していない企業の1・2倍、それぞれ労働生産性が高い結果となった。

新しい技術を適切に使うことにより生産性が向上することは間違いないが、経営者、従業員を問わず、働く者はどのような心構えや理解を持つべきだろうか。

――ＡＩや最新技術に任せる仕事内容とそうでない部分を明確に定めておくこと

これにより、人間の仕事内容も明確となり、集中したうえで特化できる。

――ＡＩ・最新技術の業務か人間の業務か、を単純に二分するのではなく、ＡＩ・最新技術を活用しながら人間の活動を質・量ともに高めること

たとえば、ロボットのみで飲食店の接客や銀行の窓口業務に対応することは未だ実現していないようだが、これは技術的な問題というよりは、感じのよいウェイターやホテルのコンシェルジュなど、きめ細かい人間の対応に満足を感じるからだろう。

――業務に関連したマネジメントスタイル、情報共有、人間関係（組織内の上下・横、さらに組織外）、意思決定プロセスといった組織風土・文化を見直し、業務改革にマイナスの影響を及ぼすような要因があれば取り除くよう努めること

――現場の一番詳しい人との対話を通じて問題を理解し、対策を講じること

働き方改革が注目される大きな理由の一つは、一部の産業でかなりの人手不足が生じているためだろう。従業員に魅力的な職場を提供することで多様な人材が活躍する。技術の導入で働く時間や場所の柔軟性を高めることができれば、高齢者や女性の就労が促進される。

――労働力人口減少社会では高齢者の活用が不可欠

日本の急激な人口減少は、このままでは避けられない現実となる。

『未来の年表　人口減少日本でこれから起きること』（河合雅司著　講談社現代新書）によると、2017年で約1億2653万人の日本の人口は、2065年までに8808万人に、100年後には5060万人、200年後には1380万人に減少すると予測されている。出生数も激減が予測されており、2016年では年間で99・2万人だったのが、2065年には55・7万人、100年後には31・8万人へと落ち込む見込みだ。

一方、高齢者は急増する。2030年の日本の人口は1億1600万人と推計されているが、その3分の1近くが65歳以上の高齢者になる。

経済・労働環境を考えるうえで重要になる年齢層が「生産年齢人口」（15～64歳の人口）だが、

２０１０年で８０００万人以上あった生産年齢人口は、２０３０年には６７００万人になり、全体における比率は63・8％から58・1％に下がる。人口の減少以上に生産年齢人口の減り具合が大きいのだ。２０１０年には生産年齢人口約２・８人で高齢者１人を扶養する計算になるが、２０３０年には約１・８人で１人を扶養することになる。

労働力人口の減少を抑えて経済を支えていくための施策は、様々に議論されている。最も盛んなテーマが、少子化対策、女性の活用、高齢者の活用、移民の受け入れである。この中で女性の活用は、出産・育児で職場を離れた30〜40代女性の活用、仕事と家庭の両立支援策など、具体的な対策も進められているが、劇的な効果を得るには総合政策が必要であろう。

労働力不足を解消する一番有力な方法は高齢者の活用で、厚生年金給付財源の削減や国の医療費負担もあり、高齢者そのものの定義を65歳ではなく70歳、あるいはそれ以上に引き上げる議論もされている。また、定年についてはすでに一部の企業で定年年齢を引き上げている。わが国では、若者、壮年、熟年高齢者が男女問わず働かないと立ち行かなくなってしまうようだ。

平均寿命が大きく伸びたため、仕事を通じた社会参加や生きがいづくり、健康管理、ゆとりある生活のための収入増などを目的として、多くの高齢者が65歳以降の就労も考えている。高齢者は健康状態の個人差も大きい。適材適所に留意し、仕事の内容も本人の知見や経験が生かせる満足度の高いものとする配慮が必要となるが、いずれにしても年齢だけで就労の機会を奪ったり、仕事の内容を差別する時代は終わったといえる。

日本では当たり前の定年制だが、米国ではパイロットや運転手などを除いて、年齢を理由に退職させることは禁止されている。カナダやオーストラリア、ニュージーランドも同様。英国では2011年から定年制禁止となった。世界は労働者自らの意思で退職する方向で動いており、就業規則で無機質に年齢基準のみでリタイアを定める時代は変わらなければならない。

さらに「同一労働同一賃金」が実現されれば、どのような仕事をしているか、どのような貢献をしているかで賃金が決まるという対価の本来の考え方となる。また、様々な理由でフルタイム労働は避けたい、避けざるを得ないという人たちも労働に参加しやすくなる。

幸いなことに、ITを使いこなす情報リテラシーのハードルはどんどん下がってユーザーフレンドリーになっている。人工知能やITの活用を進めて、幸福度が高まる働き方改革につなげていきたい。

——中小企業や個人もサイバー攻撃の標的に

2016年11月の米大統領選で、ロシアが共和党のトランプ候補を勝利させるために民主党や個人にサイバー攻撃を仕掛けたとＣＩＡが結論づけた。ロシアだけでなく、中国も米国とサイバー攻撃の有無をめぐって論争を続けており、この問題は世界中で紛糾をもたらしている。

国立研究開発法人「情報通信研究機構」によると、２０１６年、日本国内のネットワークに向けられたサイバー攻撃の件数は前年比２・４倍の１２８１億件、過去最高を更新したという。日本へのサイバー攻撃は世界各地からあり、中国をはじめ、ロシア、イラン、トルコ、ブラジル、インド、ベトナム、韓国、台湾、米国、オランダ、イタリアなど西側諸国も含まれている。

２０１７年5月には「ランサムウェア」と呼ばれる身代金要求型ウイルスが世界中に拡散した。パソコンのデータを暗号化して使用不可能な状態とし、復元するために身代金を要求する手口だ。自動的に拡散する機能があったために一気に広がった。マイクロソフトの基本ソフト（ＯＳ）「ウインドウズ」を搭載したコンピュータ20万台超が、世界百数十カ国の企業や機関で多大な影響を受けた。

ところで、サイバー攻撃の対象になるのは主に大企業や政府などの公的機関や団体と思うのは大きな間違いである。同じ標的型攻撃メールが、10人以下の小企業から数千人以上の大手製造業まで、同時に、しかも長期に執拗に繰り返されて送られるのだ。また、個人（自宅）のメールアドレスも攻撃対象として同時送信されることがあり得る。

独立行政法人情報処理推進機構（ＩＰＡ）では、年間で発生した社会的影響の大きい情報セキュリティにおける案件の中から脅威候補を選出し、情報セキュリティ分野の研究者、企業の実務担当者らの審議・投票のもと、「情報セキュリティ10大脅威」を、個人と組織に分けて発表している。それを見ると、サイバー攻撃の具体的な手口は、ランサムウェアのほかにも、標的型メール攻撃、スパムメール、フィッシング、不正送金ウイルス、不正アクセス、トロイの木馬、スパイウェア、遠隔操作ウイルスなど多様にあることがわかる。

標的型攻撃で使われるマルウェア（malware：悪意あるソフトウェアやプログラムコードの総称）にはウイルス対策ソフトでは検知できない場合が多いため、通信が継続したり、感染に気付かないまま数年経ってしまう場合もあるというからやっかいだ。また、ネットで流通しているソフトを組み合わせれば新しい攻撃用のウイルスが作れるという。

サイバー攻撃を完璧に防ぐ方法はないというのが専門家の共通した意見のため、今後、ＩｏＴシステムが進展していく過程で、感染による被害はこれまで以上に広がると考えるのが自然だろう。２０２０年の東京オリンピック・パラリンピックへ向けて、日本へのサイバー攻撃はますます増加すると予測されている。２０１２年のロンドン五輪、２０１６年のリオ五輪でも相当の攻撃があったものの、両国ともセキュリティの強化により大きな被害を防いだという。

――サイバーセキュリティに対する経営者の十分な認識が重要

完全な防御は望めないとしても、攻撃を想定してセキュリティ対策を実施することが大切だ。サイバー攻撃は巧妙さや悪質さを増している。標的型攻撃を中心としてその手口が巧妙化しているため、被害企業は攻撃を受けたことすら気付かず、取引先、顧客、捜査当局など外部の指摘により発覚することも多い。

攻撃の範囲も大規模化している。その対策として、マイクロソフトは戦時における文民の保護を定めたジュネーブ条約（第四条約・１９４９年８月12日）のデジタル版が必要と主張している。しかし、国レベルでは自国のサイバー活動を制限することになるため、米国、ロシア、中国などが合意する見込みは小さいと考えられる。

わが国では総務省、経済産業省、内閣サイバーセキュリティセンター（ＮＩＳＣ）、独立行政法人情報処理推進機構（ＩＰＡ）や各種関連機関がサイバーセキュリティ対策について啓蒙活動も含めた業務を行っているが、政府だけでなく企業や個人も社会を守るために、それぞれのレベルで行動する必要がある。

日本の経営者や企業幹部は、海外に比べるとサイバーセキュリティ対策への意識が低いために、積極的な推進活動をしている比率が低いとの調査結果がある。実際に被害にあっていない間は、具体的な対策をしない企業が多いのが実態だ。

ITやセキュリティにどの程度投資するかは経営判断となるが、事業継続性や企業防衛という観点だけでなく、顧客情報保護、重要な情報や技術の流出防止といった観点からのリスク対応によって経営責任を果たす必要がある。

ホテルのホームページの実例では、ランサムウェアに感染して予約システムが停止し予約を受けられない状態となったり、社内ファイルが暗号化されて写真が見えなくなったりするケースがある。ほかにも、ランサムウェアではなかったものの、自社の宛先による、なりすまし詐欺メールが取引先に送信され、取引先に迷惑をかけてしまったケースが多数ある。被害の種類も様々だが、金銭的被害がなくとも、著しく信用を傷つけることになる。

IPAでは、経済産業省と共同で「サイバーセキュリティ経営ガイドライン」を策定しており、その中で「経営者が認識すべき3原則」と「サイバーセキュリティ経営の重要10項目」を以下のように定めている。

〈経営者が認識すべき3原則〉

(1) **経営者のリーダーシップ**……経営者は、サイバーセキュリティリスクを認識し、リーダーシップによって対策を進めることが必要

(2) **自社以外（ビジネスパートナーなど）への配慮**……自社はもちろんのこと、ビジネスパートナーや委託先も含めたサプライチェーンに対するセキュリティ対策が必要

(3) **平時からのコミュニケーションと情報共有**……平時及び緊急時のいずれにおいても、サイバーセキュリティリスクや対策に係る情報開示など、関係者との適切なコミュニケーションが必要

〈サイバーセキュリティ経営の重要10項目〉

① サイバーセキュリティ対応方針の策定
② リスク管理体制の構築
③ リスクの把握、目標と対応計画策定
④ ＰＤＣＡサイクルの実施と対策状況の開示
⑤ 系列企業・ビジネスパートナーの対策実施及び状況把握
⑥ 予算確保・人材配置及び育成
⑦ ＩＴシステム管理の外部委託

⑧ 情報収集と情報共有
⑨ 緊急時対応体制の整備と演習の実施
⑩ 被害発覚後の必要な情報の把握、開示体制の整備

紙面の都合から、個々のセキュリティ対策には触れないが、セキュリティ対策は会社の信用を守る手段と認識し、深刻な事態に見舞われる前に必要な対策を実行していきたい。

2017年4月、ANAホールディングス、電通、損保ジャパン日本興亜、PCIホールディングスなど国内企業8社が、IT企業のブループラネットワークスに出資すると報道された。目的は、同社が持つサイバー攻撃対策技術を優先的かつ低コストで使用できるようにすることである。ANAは航空旅客情報、電通は東京五輪のスポンサー情報を保護する。損保ジャパンはサイバー攻撃対策ソフトを導入した企業やコネクテッドカー(つながる車)のサイバー保険料を安くする。PCIはグループ各社で開発する自動車や重機・建機に組み込むソフトにブループラネットの技術を導入する。

技術を利用するために出資まで踏み込むのは珍しいが、今後はセキュリティ対策の技術獲得を目的として情報セキュリティ会社に出資する事例が増えるかもしれない。

第2章

消費行動と企業価値基準の変化にしっかり対応する

――人類最初のデジタル世代「ミレニアル世代」の台頭

世界的に高級ブランド品の売上が低迷している。2017年2月、ティファニーのCEOが業績不振を理由に辞任した。ティファニーは3年連続して売上高と利益を減らしている。2015年1月期と2017年1月期を比較すると、売上高は42億5000万ドルから40億2000万ドルに減少、純利益は4億8400万ドルから4億4600万ドルに減少した。高級ブランドで知られるスイス時計では、2016年の輸出額が前年比9・9%減の195億5100万フラン（約2兆2000億円）となった。シャネル、グッチなどのファッションブランドも芳しくなく、わが国の百貨店も全体的に不振が続いている。

売上減少の原因は、不景気や将来の不安に備えた節約志向だけではないようだ。米国では、21世紀初めに成人年齢に達する1980年から1999年の間に生まれた人を「ミレニアル世代」と呼ぶ。千年紀のことを「ミレニアム」（millennium）というが、それが形容詞では「ミレニアル」（millennial）となる。ミレニアル世代は、次世代を担う若年層の意味で使われることが多く、フェイスブックのマーク・ザッカーバーグ氏は代表的な人物の1人である。人口は約

７７００万人と全米人口の４分の１弱を占め、両親の世代と異なって、消費に対する新しい考え方と行動を示す。

ゴールドマン・サックスのグローバル投資調査部門バイス・プレジデント、リンゼイ・ドラッカー・マンは、ミレニアル世代を「商品の最低価格を検索したり、自分が買いたいと思える価格になるのを辛抱強く待っている。欲しいものを買うために貪欲にお金を稼ぐより、現実的な収入と支出のバランスを見極め、よりスマートにお金を使うことに熱心。最低価格を見つけるために様々なアプリやウェブサイトを積極的に利用する」と分析する。

ミレニアル世代は消費を忌避しているわけではないが、見栄をはらずに、消費にどんな価値があるのか慎重に考える傾向がある。車や家を買うにも無理な借金をしない。そもそも車や家の所有にあまり興味がない。「モノ」に対する必要以上の支出は苦労して得たお金の使い道ではないと考える。

一方、旅行や友人との会食といった「コト」、すなわち経験には、より大きな価値を置く。フィットネスやオーガニック野菜など健康に関心が高く、喫煙を快く思わない。テレビを見ないからケーブルテレビの解約が急増。スマートフォンやパソコンで動画を視聴し、テレビ番組はストリーミング（逐次再生）配信やオンデマンドで楽しむ。政治的にはリベラル志向。

いわば、ミレニアル世代は最初に登場したデジタル世代であり、インターネットやソーシャルメディアに慣れ親しんでいる。情報に敏感で、モノを実際に購入する際は、60％がオンラインで価格比較をする。ＳＮＳで友人知人と経験を共有し、購入の判断は企業広告よりも第三者評価を重視する。

――ミレニアル世代に受け入れられるには

ミレニアル世代の背景には、リーマン・ショックに代表される金融危機、所得格差の拡大、気候変動問題の深刻化があり、学生ローンを抱え卒業したものの、高給な職にはなかなか就けないといった社会事情がある。消費の申し子のベビーブーマー（１９４６～64年生まれ）、消費意欲の薄いX世代（１９６５～80年生まれ）とは異なり、社会や環境への貢献といった価値観を重視するミレニアル世代は、欧州だけでなく日本やアジア諸国でも確実に増加しつつある。

スポーツウェアの「ナイキ」は、ミレニアル世代の消費活動に取り組むことで成功している代表的な企業の一つだ。これらの企業は、ソーシャルメディアを通じてブランドの親しみやすさを発信するとともに、以下の点において、ミレニアル世代と価値観を共有しようとしている。

○消費者を導くという〝上から目線〟ではなく、あなたを応援するというメッセージを打ち出している
○人種、性別、性的志向の平等を明らかにする。イタリアのファッションアパレル、ベネトンは、１９８４年の広告キャンペーンで人種差別、戦争、エイズ、環境破壊、難民、虐待など、全世界共通の問題をテーマにし、商品広告ではなく、社会問題を扱う広告として注目を集めた
○日常生活を現実的に反映したリアルな広告を好み、型にはまったイメージや完璧さを求めたり押し付けたりするイメージを否定する

ミレニアル世代への取組みに限らず、企業は消費者の多様化する価値観を理解し、商品開発から販売、広告までビジネスモデルを切り替えていかないと未来がない。私の注目するビジネスモデルがレンタルサービスだ。無理に所有せず、必要な時に必要な分だけを借りる、すなわち、「モノ」ではなく「コト」を重要視する世代のニーズにマッチしている。

自転車シェアリングは、スマートフォンを使って自転車をシェアするサービス。地図と連動した専用アプリで空いている自転車を探し、自転車に貼られたＱＲコードを読み取り解錠。乗り捨て自由、支払いもオンラインだ。台湾で始まったとされ、上海や福岡市にも広がっている。

米・サンフランシスコの自動車シェアリングサービスは、駐車中の車を1時間5ドルで貸し出すアプリを提供する。

月額制レンタル衣料を手掛ける東京港区のエアークローゼット社は、定額制ファッションレンタルサービスを展開する。インターネットで事前登録した服（プロのスタイリストがコーディネート）を月額6800円／9800円などで会員に貸し出している。2014年の創業から4年弱で15万人以上の会員を集めている。

——今のグローバル化はデジタル化がもたらした

グローバル化という言葉がもてはやされるようになって久しい。近年におけるグローバル化とは、1990年代の一連の変化によるものといっていいだろう。

当時の状況を振り返ると、政治面では、冷戦が終結して東側社会が崩壊し、米国中心の西側社会に取り込まれていった。経済・貿易面では、第二次大戦後のGATTが発展的解消して95年にWTOが発足した。産業面では先進国の生産拠点が新興国に移り、現地法人を設立したり海外企業と提携したりする企業が増えた。環境面では、地球規模で進む温暖化に対して各国が協働で取り組まなければならないとして、92年の地球サミットで気候変動枠組条約が採択、97年には京都議定書が採択された。そして情報面では、95年のＷｉｎｄｏｗｓ95の発売を契機としたインターネットの登場により、情報伝達の様子が一変した。いずれも１９９０年代の出来事である。このあたりから、ごく普通に「グローバル」という言葉が使われるようになった。

もっとも、グローバル化は昔からあった。15世紀半ばから17世紀までの大航海時代もグローバル化だし、19世紀の西欧列強進出もグローバル化といえよう。

私は子供時代、ようやく一般家庭に普及し始めたテレビ放送を観て、海外や地球を強く感じたことがあった。通信衛星を利用した世界初のテレビ中継が、１９６３年11月23日、日米間で行われた。そのニュースはケネディ大統領暗殺という悲報であった。世界初の衛星中継テレビ放送（24カ国中継。日本はＮＨＫが参加）は１９６７年６月25〜26日に行われた「Our World われらの世界」。この番組でビートルズが「All You Need Is Love」を演奏したが、当時は白黒放送が主流で、これらも白黒放送であった。アポロ11号のアームストロング船長による人類初の月面着陸は１９６９年７月20日。当時私は小学生であり、平日の昼どき、皆で学校のテレビにかじりついてライブ放送を観た記憶がある。

今のグローバル化を牽引するのがデジタル技術である。つまり、グローバル化にデジタル化が密接に関係するようになった。１９４０年代半ばのノイマン型を最初のコンピュータとすると、１９６４年にはＩＢＭがメインフレームといわれる大型汎用コンピュータを発売、１９７０年代にはマイクロソフト社とアップル社が設立され、１９８０年代にはいわゆるパソコン（当時はマイコンと呼んだ）が普及を始める。そして、先述したインターネット登場を経て、２００７年には電話と通信とコンピュータが一体となった、スマートフォン（ｉＰｈｏｎｅ）が米国で発売された（日本での発売は２００８年：次章参考）。こうして、デジタル化の進展により、私たちの仕事や生活が大きく変わり、情報化とグローバル化が進んでいったのである。

アラブの春にはフェイスブックやツイッターなどのソーシャルメディアが影響したといわれている。ソーシャルメディアでデモの計画や参加が呼びかけられたためで、ソーシャルメディアの影響は懐疑的との意見もあるが説得力のある話である。

世界に猛烈な勢いで広がっていくデジタル化は「21世紀のデジタル革命」として、企業のビジネスモデルや根本的な存在理由を大きく変える力がある。中国でグーグルが使用できないといった事例のように、デジタル革命の恩恵を限定的に禁止することはできても、大きなうねりを止めることは決してできない。

いずれにしても、重要なことは情報化社会やデジタル革命は決して後戻りしないことだ。そして、ますます進化していく。モノやヒトのグローバル化のように人為的な制限も受けず、その進歩は停滞しない。

――ＣＳＲに関する積極的な情報開示が企業価値を高める

私たちにどのような未来が待っているのか、あるいは、どういう未来が創りだされていくのか、大変予測が難しい時代であるが、今後、何を拠り所としてビジネスをすべきなのか、改めて考えてみたい。

まず、情報化社会の進展により、企業情報を含む様々な情報が、容易に、また迅速に入手できるようになった。一般市民の意識や権利の向上により、企業活動に注意が向けられるようになると、メディアの影響もあるが、公害なども著しく減った。たとえば、ＣＳＲ（Corporate Social Responsibility：企業の社会的責任）は企業側の自発的な活動というよりも、社会の要請に対する企業の回答といえる。

ＣＳＲとその企業価値貢献の相関関係はある程度あるのだろう。ＣＳＲの方針がネガティブな場合や不祥事が発生した場合には、マーケットもネガティブな反応を示すのが自然だ。ＣＳＲ活動についての重要な視点を噛み砕いて言えば、社会の課題解決に留意し貢献しているか、さらに、事業活動において社会に迷惑をかけないように注意しているか、迷惑をかけていないか、である。

そして、CSR評価で上位にランキングされる企業の特徴として、当然のことながら幅広い情報開示が行われていることが挙げられる。もちろん、CSR活動のみが条件ではないが、CSR活動によって企業は信頼を得ることができる。

情報化社会とデジタル化は、私たちの知る権利を支えてくれる便利な環境であると同時に道具(ツール)だ。企業や団体との垣根は厳然としてあるが、消費者との距離は短くなり、壁は低くなった。私たちが知りたいことや意見を述べたいことがあれば、お客様窓口に連絡できるし、情報を共有しようという意思があれば、ソーシャルネットワークがある。

こうした状況の変化を踏まえ、企業や団体は様々なことに注意して活動しなければならなくなった。その中で最も重要なことは「倫理と誠実さ」であろう。財務会計情報の改ざん、自動車の燃費不正などは言うに及ばず、食品の産地偽装や賞味期限切れ再販なども含め、不祥事に対する社会の目は今後、よりいっそう厳しくなっていくはずだ。会社・団体に関わる様々な人、そして従業員を大切にしなければならない。「蟻の穴から堤も崩れる」ということわざを戒めとしたい。

現代経営学の父といわれるピーター・ドラッカーは、企業は利益が出なければ企業活動を継続できないが、利益のために企業があるのではなく、社会的な役割を果たすことにある、とした。

「もちろん、利益が重要でないということではない。利益は、企業や事業の目的ではなく、条件なのである。また、利益は、事業における意思決定の理由や根拠ではなく、妥当性の尺度なのである」と、著書『現代の経営』で述べている。

社会への貢献を通じて利益を真っ当に出している会社であれば、世の中に役立って、社会に受け入れられる。利益の追求そのものを目的として金科玉条とすれば、ゆがみや不正に通じる可能性が高く、社会の糾弾を受けることになる。

ＣＳＲ＝企業の社会的責任とは、以下を網羅する。

○企業自らを健全に運用する責任
○従業員の幸福への責任
○製品やサービスを社会に提供する責任
○製品やサービスの安全性や信頼性に対する責任
○環境の保護や改善に対する責任
○社会への貢献

企業の存続と発展のためには、様々な利害関係者（ステークホルダー）からの信用を得ることが必須。すなわち、顧客、消費者、取引先、株主、社員、（地域）社会、金融機関、行政機関、業界団体、などからの信用である。そして、その信用を得るには、デジタル化によって可能となった積極的な情報開示が不可欠なのである。

現代の企業にとって、倫理と誠実さは企業活動の基本であり、これを不可侵とすることが重要だ。顧客・消費者はもちろんのこと、こうした利害関係者への迷惑や損害を冷静に想像することができれば、意図的な不正も少しは減るのではないだろうか。そのためには、まず、経営幹部がしっかりした企業理念と正しい考えを持ち、従業員と視点を合わせたコミュニケーションを行うことが大切だ。

企業は、自然環境を含めれば、社会全体と言っても過言ではないくらい多くの利害関係者との約束があることを忘れてはならない。

――環境・社会・企業統治に対する投資が急拡大

2010年代に入って、投資先の企業を選ぶ際に、ESGが指標とされるようになった。ESGとは環境（Environment）、社会（Social）、企業統治（Governance）の3要素を示すもので、具体的には、Ｅは二酸化炭素や廃棄物の排出量削減、水やエネルギー使用量などの環境への配慮、Ｓはワークライフバランス、女性の活用・登用、ダイバーシティ、サプライチェーンのリスク管理、Ｇは情報開示、資本効率向上への取組み、社外取締役比率などを含む。従来、財務内容を重視して投資してきたわけであるが、環境や社会への配慮と対応、企業統治のあり方も判断基準に加えられるようになった。ＥＳＧに優れた銘柄はＥＳＧ銘柄、ＥＳＧの観点で投資することはＥＳＧ投資と呼ばれる。

投資はあくまでリターンを求める経済的行為だが、ＥＳＧ投資の肝は、社会にとって「いい会社」を選ぶことが結局のところ良好なリターンにつながるということ。投資家の目的であるリターンと社会の要請はあまり関連がないように見えるが、実は関連が深い。「事業の目的は社会貢献」というような見解は倫理的で古臭いという人もいる。しかし、企業の株式を購入することは、その企業を応援し企業の行動に対して一定の責任を負うことでもある。児童労働や環境汚染を放置する企業の株式を保有することは、その企業を支援することになる。投資は生活や社会と密接に関連している。

ＥＳＧの国際団体として、ＧＳＩＡ（Global Sustainable Investment Alliance）がある。日本語に訳すと「世界持続可能投資連合」となり、世界7地域の持続可能な投資の普及団体によって立ち上げられた。ＧＳＩＡはＥＳＧ投資を次の7つに分類している。

①ネガティブスクリーニング
②ポジティブスクリーニング
③ESGインテグレーション
④エンゲージメント／議決権行使
⑤国際規範スクリーニング
⑥サステイナビリティテーマ投資
⑦インパクト投資／コミュニティ投資

①ネガティブスクリーニングは、1920年代に米国のキリスト教系財団が始めた最も古い手法。問題があると思われる企業や業種、具体的には社会的な悪影響（武器、たばこ、ギャンブル、ポルノ、アルコール）、環境負荷の増大（汚染、温暖化への無策）、経営体制の問題（不祥事、体制不備）などを抱える企業を投資対象から除外するもの。

②ポジティブスクリーニングは、1990年代に欧州で始まった手法。業界の中でESG評価の高い企業へ投資したり、保有比率を高めるもの。ESG考慮の高い企業は中長期的に業績が良くなるとの発想に基づく。

③ESGインテグレーションは、近年最も広く普及しつつある手法。従来考慮してきた財務

諸表の分析に加えて、非財務的なＥＳＧ情報の分析結果を含めて投資判断をする。年金基金など長期投資を好むファンドが、市場平均よりも高いリターンを目標とするのが一例だ。

④エンゲージメント／議決権行使は、投資家が企業と対話（エンゲージメント）したり、企業の株主総会で議決権を行使したりすることで企業に働きかける手法。

⑤国際規範スクリーニングは、ＯＥＣＤや国際労働機関（ＩＬＯ）、各国連機関などの規範に準じている点を判断する手法。

⑥サステイナビリティテーマ投資は、持続可能な社会や環境をテーマに、投資判断する手法。「エコファンド」「水ファンド」「再生可能エネルギーファンド」がその例。

⑦インパクト投資／コミュニティ投資は、地域社会開発や社会的弱者支援に対して投資する手法。

ＥＳＧ問題にきちんと対応している企業への投資は中長期的に持続可能な利益を得られる確率が高いため、投資家へのリターン向上に寄与すると考えられる。たとえば、環境に配慮した製品開発力で競争力の高い企業は、製品の利点を消費者に浸透させることができ、ブランド・ロイヤルティが浸透すれば、いたずらな価格競争に巻き込まれずに業界平均以上の売上高を達成することが期待できよう。

このように、非財務的な要素の重要性はますます高まっている。過去にはESG要素を重視した経営面のコスト増を指摘する意見もあったが、近年では結果的に企業価値向上に貢献することが検証されている。

GSIAによると、2014年から2016年までの2年間で世界全体のESG投資額は25・2%増加、18兆2760億米ドル(2010兆円)から22兆8900億米ドル(2518兆円)となり、年平均で11・9%成長したとのことである。

日本のESG投資は欧米に比べ遅れていたが、2015年9月、年金積立金管理運用独立行政法人(GRIP)は、ESG投資が世界に広まるきっかけとなった国連の提唱する「責任投資原則」(PRI:Principles for Responsible Investment)に署名した。GRIPの取組みは他の公的年金基金や企業年金に影響を与えるため、ESG投資の存在感が一気に高まった。

その後、日本のESG投資は急成長し、2016年には4740億米ドル(52兆1400億円)となった。2014年では70億米ドル(7700億円)だったから、70倍近く増加したことになる。

大企業ではESGの専門部署を置くところもでてきている。まだ珍しい事例だが、日産自動車ではESGを担う専門役員、CSO:チーフ・サステナビリティ・オフィサーを任命している。

――ＳＤＧｓ――持続可能な開発目標のために企業ができること

２０１５年９月に国連総会で採択された「持続可能な開発目標」（ＳＤＧｓ：Sustainable Development Goals）に官民の関心が集まっている。政府だけでなく、企業、市民、研究機関などあらゆる立場の人が参画し、世界が抱える問題を踏まえて「世界を変えるための17の目標」に整理し（次頁）、２０３０年までの達成を目指すものだ。

この中には、〈目標７　エネルギーをみんなに　そしてクリーンに〉〈目標８　働きがいも経済成長も〉〈目標９　産業と技術革新の基盤をつくろう〉〈目標13　気候変動に具体的な対策を〉など、企業が直接関与できる項目もあり、積極的な関わりが期待されている。

社会的な課題解決がビジネスチャンスを生み出す機会となっている。ＳＤＧｓの17目標に貢献する製品や技術を社内で認定する日本企業も出てきた。自社でできる社会課題への挑戦と取組みが広く認識されていくにつれて、消費者の購買行動に影響したり、企業価値を高めることにつながっていくはずだ。

持続可能な開発目標（SDGs）17項目

目標1	貧困をなくそう
目標2	飢餓をゼロに
目標3	すべての人に健康と福祉を
目標4	質の高い教育をみんなに
目標5	ジェンダー平等を実現しよう
目標6	安全な水とトイレを世界中に
目標7	エネルギーをみんなに、そしてクリーンに
目標8	働きがいも経済成長も
目標9	産業と技術革新の基盤をつくろう
目標10	人や国の不平等をなくそう
目標11	住み続けられるまちづくりを
目標12	つくる責任つかう責任
目標13	気候変動に具体的な対策を
目標14	海の豊かさを守ろう
目標15	陸の豊かさも守ろう
目標16	平和と公正をすべての人に
目標17	パートナーシップで目標を達成しよう

出典：国連開発計画（UNDP）
http://www.jp.undp.org/content/tokyo/ja/home/sustainable-development-goals.html

――時代に応じて様々に変化してきたソフトバンク

ここからは、時代の流れをうまく読み取り、継続して事業を運営しながら、事業領域を広げる、いわば〝境界線のない〟企業の例を取り上げる。最初は孫正義氏率いるソフトバンクだ。
「ソフトバンクは通信会社ではなく情報革命屋。僕は死ぬまで事業家」と孫正義会長兼社長は言う。現在では通信大手に位置付けられるソフトバンクだが、それまでには幾度となく〝革命的な〟変化を重ねてきた。

孫氏は、１９７０年代後半の米カリフォルニア大学バークレー校時代、自動翻訳機を販売したりソフトウェア開発会社を設立したりするなど、すでに事業家としての活動を始めた。１９８０年に帰国し、翌年、福岡市でコンピュータ卸売事業の会社を立ち上げ、続けて福岡県内に㈱日本ソフトバンクを設立した。初期は、パソコン用パッケージソフトの流通事業企業（卸売業）だったのである。

１９８２年には出版業に参入、ＰＣ関連の出版物を扱う。１９８２年といえば、その後、日本のＰＣの代表となるＮＥＣの「ＰＣ９８００シリーズ」が初めて発売された年にあたる。とはいえ、発売当初は一般人はおろか企業にとっても非常に高価かつ稀有な存在であり、それを対象とした出版物、出版社というのも、今では何とも思わないが、当時としては相当な〝変わり者〟であった。その後、孫氏が予想したようにPCが普及する。そのため、当時を知る者にとって、ソフトバンク＝出版社という認識が強い。

１９９０年にソフトバンク㈱に社名変更、大きく変わったのが１９９０年代半ばから。米国のＩＴ企業を次々と買収するほか、１９９６年、米ヤフー社との合弁でヤフー㈱を設立。今ではインターネットにおける、いわゆるポータルサイトとしてグーグルほかいくつものサイトがあるが、インターネットが一般的に普及し始めた当時は、ヤフーこそがポータルだったのである。つまり、この段階でソフトバンクはインターネット企業としての顔が大きくなった。

２０００年代に入って、「Ｙａｈｏｏ！ＢＢ」という接続サービスを始め、いよいよ通信事業に乗り出した。２００４年に日本テレコムを買収し固定通信事業に参入、２００６年にはボーダフォン日本法人を買収して移動通信事業へ参入した。以上まとめると、流通業→出版業→インターネット事業→通信事業と、事業領域を変更・拡大していったのである。

ソフトバンクグループは、２０１７年3月期決算で過去最高の1兆４２６３億円の連結純利益を達成したが、その大きな原動力となっているのが投資。前期決算では７６００億円に上る投資回収益が貢献している。２０１７年5月には、サウジアラビア政府系ファンドと共同で

10兆円規模の投資ファンドを立ち上げた。注目すべきは、ファンドの出資にアラブ首長国連邦の開発公社、米クアルコム社、台湾の鴻海精密工業、その子会社となったシャープなどが出資することだ。日本と中東諸国の関係だけでなく、米国、台湾なども仲間にしてファンドの基盤を強化している。

現時点での投資先は米国ベンチャー企業が多い。一部予定を含むが以下のような企業だ。

○ワンウェブ（米・情報通信業）……９００基の衛星で地球を覆い衛星通信を可能に
○プレンティ（米・農業）……わずかなスペースで野菜などをつくる「インドア農業」
○ガーダント・ヘルス（米・医療関連事業）……ＤＮＡを解析してがんの早期発見
○ソーシャル・ファイナンス（米・融資仲介）……銀行免許を持たないフィンテック関連

ワンウェブへの投資により、地球上のどこでも通信を可能にするプランはまさに世界戦略。これが早いタイミングで実現したら、競合先の利用を容認して得られる利益だけでなく、規格統一などでも主導権を取れるだろう。

あらゆるモノがインターネットとつながるＩｏＴが次世代の主役といわれるが、その本質は、「得られた情報やデータを解析して役立てる」ことだと理解する。孫氏の頭の中では、Ｉｏ

T、AI、ロボットなどの先端技術が有機的な関係性を持って考えられているからこそ、新しく、広域的事業分野にまたがるプロジェクトが発案できるに違いない。

ソフトバンクグループといえば、ヒト型ロボット「ペッパー」も有名だ。ペッパーの活用は接客や受付だけでなく、障害のある子どもたちが学ぶ特別支援学校で、コミュニケーションの手助けに役立っている。ヒト型で会話をしたり動いたりすると子どもも親近感を持ち、馴染みやすい。心を閉ざしがちな子どもでも、気まぐれやいじめの感情を持たないペッパーとは、安心して付き合いができるのだろう。

私は弁護士として子どもの虐待や障害などに関心を持ち、活動もしているので、嬉しく思い、また感心させられる。ペッパーの本体価格は19万8000円(税別)。アプリケーションを追加購入する必要があるのでこの金額では収まらないが、驚くような価格ではない。レンタルもできる。将来は2足や4足で歩行する進化型ペッパーが登場するだろう。

——eコマースからリアルへの展開を図るアマゾン

アマゾン・ドットコム(Amazon.com)は、米国シアトルに本拠を置くインターネット通販、ウェブサービスの会社である。1994年にジェフ・ベゾスが創業したカダブラ・ドットコムが前身で、間もなくアマゾン・ドットコムとなった。当初はインターネット書店事業が主力。設立当時、インターネットの販売に適した商品を検討したところ、音楽CDやビデオなどは大手の寡占状態にあり規制も厳しかったので、寡占企業のいなかった本を対象にしたという。

アマゾン・ドットコムの2017年の売上高は1968億ドル(約21兆円)で、2016年の1490億ドルから32%もの増加となっている。共同創業者兼CEO兼会長兼社長のジェフ・ベゾスは1964年生まれで、プリンストン大学卒業後、ウォールストリートの金融機関に就職、その後、ヘッジファンドに移るが、1994年にインターネットの利用が高まっていることに気付き、将来的なeコマースの成功を信じて独立開業した。2018年3月、フォーブス世界長者番付では、それまで毎年のようにトップに君臨していたビル・ゲイツを抑えて、初めての1位となった。

ソフトバンクは1990年代半ば以降、通信事業中心に拡大し、物品とはほぼ無縁だった。しかし、アマゾンの場合は、出版物から始まり、巨大な物流センターへの投資をベースに、現在ではあらゆるものを売るようになった。さらには、リアルの店舗も手掛けるようになった。

2015年に書店チェーンの「アマゾン・ブックス」1号店をシアトルにオープン、以降は急展開ではないもののニューヨークを含む数店舗を出店している。2018年1月には、無人コンビニの「アマゾン・ゴー」をシアトルにオープン。スマートフォンで認証と決済をするもので、駅の自動改札のようなゲートを出入りし、商品を自分のバッグに入れるだけで買い物が完了する。アマゾンではこれを「Just Walk Out Technology」と名付けている。ほかにも、２０１７年７月、米・英・カナダに３００店舗を展開する食料品スーパー「ホールフーズ・マーケット」を１３７億ドルで買収した。この買収は、将来、アマゾン・ゴーの無人化システムを取り入れる布石といわれている。

ここまで見てきたソフトバンクとアマゾン。通信、通販という違いはあるが、ＩＴを取り入れることはもちろん、業界を支配する戦略についても共通している。ソフトバンクの人工衛星によって世界中の通信網が完備されれば、他社はその範囲で事業展開せざるを得ない。アマゾン・ゴーの無人化店が当たり前の世の中になれば、他社も追随せざるを得なくなり、そのシステムをアマゾンから購入するかもしれないのだ。

グローバル化で住む国や地域間の差が小さくなっており、日常生活の消費に関連した嗜好や文化は世界共通になりつつある。新規ビジネス成功は単純なスケールメリットではなく、知恵の使い方が奏功する時代になった。もちろん、これは技術革命の恩恵によるところが大きい。

──本業消滅の危機から明暗を分けたコダックと富士フイルム

時代の変化にうまく対応できた企業と、残念ながら対応できなかった企業の例として、イーストマン・コダックと富士フイルムホールディングスがよく挙げられる。

コダックは１８８１年設立の老舗写真用品企業。世界で初めてロール（巻き取り）フィルム、カラーフィルムを発売し、デジタルカメラの開発も世界初（１９７５年）というグローバル企業である。長年にわたり写真と映像の世界をリードしたが、デジタルカメラが本格的に普及した１９９０年代半ばからフィルムの需要が急速に低下し業績が悪化、２０１２年１月には米国連邦倒産法11条を適用し、上場廃止となった。２０１３年11月にニューヨーク証券取引所に再上場。現在はデジタル画像機器なども取り扱っているが、主力は依然として写真用品である。

一方の富士フイルムは、１９３４年に富士写真フイルムとして設立、映画用フィルムやレントゲンフィルムの製造からスタートした。２００６年に富士フイルムホールディングスに商号変更し、新設の富士フイルム㈱と富士ゼロックス（１９６２年に海外企業との合弁で設立し、２００１年に子会社化）を置く形とし、２００８年には富山化学工業を子会社化した。

コダック社同様に写真フィルム事業の急速な失墜に直面するが、2003年頃、就任後間もない古森重隆社長（当時）が「トヨタから車がなくなったらどうなるか、新日鉄から鉄がなくなったらどうなるか」、すなわち、本業消滅で生き残れるかどうかの一大事という徹底的な意識改革を促し、写真フィルム事業からの大転換を模索していった。2006年の化粧品事業参入をはじめとして機能性材料、バイオ医薬品、再生医療、医療機器などの分野に進出していった。

富士フイルムグループ全体のセグメントにおける2016年度売上高比率は、イメージングソリューション（写真関係、レンズなど）15％、インフォメーションソリューション（医薬、医療、バイオ、高機能性材料など）39％、ドキュメントソリューション（デジタル複合機、プリンターなど）46％となっている。現在、写真フィルムの需要としては、チェキと呼ばれる若者に人気のインスタントカメラが少々盛り返しているが、売上は往時に遠く及ばない。

写真の技術は、光学技術だけでなく有機・無機材料化学、解析技術など多種多様な技術の蓄積と応用に支えられている。フィルム需要が激減する危機は、富士フイルムにもコダックにもほぼ同じタイミングで到来したはずであり、持っていた技術力はほぼ同等であったと思うが、生き残ってさらに飛躍ができるのか、それとも袋小路に入って身動きが取れなくなるのか、それを左右するのは、「健全な危機意識」に裏付けられた経営方針の決断と実行であることがよくわかる。

――目覚ましい技術革新の中では他社との相互補完も重要

富士フイルムは危機に際して、優位に立ち差別化できるコア技術は何なのか、どうしたら応用できるかを徹底的に考え抜いたに違いない。そのうえで、特に２０００年以降、合併、買収、統合（連結子会社化など）と積極的な海外展開により経営基盤を強化していった。

自社技術に自信があるとしても、自社に足りない部分は外部から調達したほうが、時間の節約にもなり、合理的、効率的な場合がある。究極の形は買収により傘下に収めることだが、排他的としない「ゆるやかな提携」を持つことがますます見直されていくと思う。企業にはそれぞれ強み、弱みがある。自社の強みを生かし、弱みを補う方法として他社と相互補完するほうが望ましい効果が得られる場合も多い。

提携による成否では、具体的な効果を得られるかどうかが重要である。資本関係の有無や関係者当事者の規模は重要ではない。

提携も企業としての責任と目的を遂行する活動であるから、たとえば、象徴的な数％の株式持ち合いという中途半端な関係に意味はない。数％の株式持ち合いそのものは経営にも決算にもほとんど影響がないが、お互いの心理や意識に何らかの影響を与える。それがマイナスに転じたとき、相手への違和感や不満が生じるだろう。

日本電産の創業者、永森重信会長兼社長のように、次々と買収して成功させている稀有な経営者もいるが、普通は、企業規模にかかわらず、資本提携や買収には慎重な判断と覚悟が必要。関係構築は資本提携ありきではない。

私たちは凄まじいスピードで進化する技術革新の潮流に身を置いている。新しい技術は古典的、伝統的な産業領域の枠組みをやすやすと乗り越えて行き来するだけでなく、その結果として、産業や事業領域の枠組みや内容そのものを大きく変えてしまう力を持っている。

企業はこうした背景を認識して、自社の能力をビジネス環境に照らし合わせて成功のための成長戦略を練っていく必要がある。情報技術が容易に利用できるようになり、従来の産業の境界線にとらわれない活動ができるため、新興企業、スタートアップ企業が巨大企業に急成長できるし、一方、ニッチなマーケットでユニークな活躍をする企業も増える。

現在はやや混沌としているものの、今までにない新時代の幕開けとして評価することができるのだ。

──若者に対し大胆な支援を

本章で紹介したソフトバンク、アマゾン・ドットコムに限らず、アップル、グーグル、フェイスブックなどの会社は、すべて若者が知恵を絞った、あるいは、ひらめいた結果、生まれたものだ。成功までの過程で避けることのできなかった苦労、挫折や紆余曲折を乗り越えた熱意に、僭越ながら敬意を表したい。

そして、成熟した大人は若者のチャレンジを支援することが大切だ。熱意と能力のある若者の事業意欲を、本人の独立自尊や企業の協力のみに期待するのではなく、制度的にも金銭的にも支援する官民連携（または産学官連携）プロジェクトやファンドなどの取組みも充実させる必要がある。経済産業省による新規産業・ベンチャー支援の取組みもあるが、内容をよりいっそう充実させてほしいところだ。

現在、渋谷区に日本の著名なＩＴ企業が集まっている。将来は他の都市でもＩＴ企業が集まって切磋琢磨できる環境をつくり、ＩＴ企業と地元製造業などが協調することができれば、少しは地方創生にも役立つのではないか。

長野県は2016年9月から、県内を訪れるIT関連の人たちについて補助を出す事業「ときどきナガノ」を始めた。IT関連事業に携わる県外の人が長野県を訪れ（交通費として公共交通手段のほか自家用車も補助対象）、仕事をし（20カ所以上のオフィスが選択できる）、宿泊する（有料宿泊施設で1泊ないし2泊）場合、来県1回につき1万円、10回分を上限に補助するというもの。

これはこれで積極的な取組みとして評価すべきだが、移住した場合の住民税や所得税を一定期間免除したり、IT企業の法人税に優遇措置を与えたりするなど、もう少しドラスチックな方針も考えられる。日本のやり方は往々にして大胆さに欠ける。境界線のない新しいビジネス社会では、常識的な考えという枠をはずすことも必要だろう。

第３章

通信とＩＴ産業が全産業をリードする

――スマホはビジネスや経済のスタイルも変えた

スマートフォン、通称スマホは、コミュニケーションや情報受発信のみならず、消費、決済、健康管理などの生活面においても、時間や場所の制約を受けないプラットフォームとして確立されつつある。通信速度の高速化や多機能化に伴い、自動車をはじめとする交通機関、家庭、社会インフラとの連係がより密接に深化していく。個人が常に携帯できる高度化した端末機器であるスマホに対応できない事業者は、業種・業界を問わず、消費者や市場そのものからレッドカードを受けることになるだろう。

スマホの歴史をたどると、何をもってスマートフォンと呼ぶかの明確な定義はなく、携帯電話とＰＤＡ（携帯情報端末）を組み合わせた商品ということであれば、１９９０年代後半には世に出ていた。しかし、いまどきこれを見てスマホと呼ぶ人はまずいない。極論すればスマホ＝ｉＰｈｏｎｅであり、さらに、ｉＰｈｏｎｅのコンセプトとデザインと機能をそっくりまねたアンドロイド端末、ということになる。それほどまでにｉＰｈｏｎｅの登場は衝撃的だった。

前述したように、ｉＰｈｏｎｅが米国で発売されたのは２００７年６月。発売前日から長蛇の列ができ、ほとんどの店が開始1時間で完売したという。その後、ヨーロッパでも発売されたが、通信方式の違いから日本では発売されなかった。

翌２００８年7月、ｉＰｈｏｎｅ３Ｇが日本を含む世界22カ国で発売された。これが、日本ばかりか世界中の生活シーンを一変させる端緒となった。総務省「情報通信白書平成29年版」によると、発売後5年の２０１３年でスマホの普及率は60％を超えた。かつて、高度経済成長期に普及した「三種の神器」（３Ｃ・新３Ｃ）も急速に普及したが、わずか数年で、実に多くの人間にとって、それなしでは生活が成り立たなくなるほどの〝生活必需品以上〟にまで普及した例は、空前であり、もしかしたら絶後かもしれない。

スマホの変えた生活スタイルとは、四六時中ＳＮＳが気になってスマホを片時も手放せない若い世代のそれだけではない。ビジネスとして、経済として、スタイルを変えたのである。そこで、スマホによってもたらされた新しいビジネスを二つ挙げてみる。

一つは「ギグ・エコノミー」。ギグ（gig）とは、元々、商船・軍艦などに積載された幅の狭い軽快なボートのことで、陸上移動手段とのつなぎで使われることが多かった。その後、ミュージシャンの間で、クラブなどで一度だけ演奏する意味で使われるようになった。そこから転じて、２０１５年の米国において、インターネットを通じて単発の仕事を受注する働き方や、それによって成り立つ経済形態のことをいうようになった。

ギグ・エコノミーによって、世界中どこでも場所にとらわれない柔軟な働き方が可能になった。しかし、一方で、アジアやアフリカでは、長時間労働、差別、下請け・孫受けを通じた低賃金など労働環境の劣化を助長したことが問題となっている。

スマホのもたらした新ビジネスのもう一つが「シェアリング・エコノミー」である。シェアリング（sharing）とはもちろん、共有するの意味である。シェアリング・エコノミーの典型は、個人が保有する遊休資産（スキルのような無形のものを含む）の貸し出しを仲介するサービスであり、貸主は遊休資産の活用による収入、借主には所有することなく利用できるというメリットがある。この賃貸は、従来、属人的な信用の上に成り立っていたが、ソーシャルメディアによる情報交換が提供するコミュニティ機能が、従来の信用関係に取って代わった。

シェアリング・エコノミーを代表する企業を二つ挙げる。

タクシーや一般人の車両のライドシェア（相乗り）で有名な米ウーバー・テクノロジーズは、2017年現在、世界70の国と地域の450都市以上で自動車配車ウェブサイトおよび配車アプリを展開している。2009年3月設立にも拘らず、2017年の売上高は75億ドル（約8000億円）に成長した。ちなみに、2018年1月にソフトバンクが筆頭株主となった。

民泊仲介のエア・ビーアンドビー（Airbnb：B&Bは宿泊（bed）と朝食（breakfast）を提供する簡易宿泊施設のこと）は2008年8月に米国サンフランシスコで設立された、宿泊施設をスマホなどで掲載したり予約できるウェブサイト。１９１の国と地域の６万５０００都市で、４００万件以上の宿泊設備を提供している。

こうしたシェアリング・エコノミーの誕生と躍進により、大量生産・大量消費を前提とした古典的な資本主義の価値観がゆらぎはじめている。日本ではシェアリング・エコノミーを受け入れる法整備は整っておらず、ウーバーは本格的な参入ができない。民泊については、２０１７年６月、「民泊新法」といわれる「住宅宿泊事業法案」が国会で成立した。増加する外国人観光客と東京オリンピック・パラリンピックの開催が成立を後押しした形だが、早晩ライドシェアも世界的な流れの中で認められると考える。

――超高速だけではない第5世代移動通信システム

前述した「ｉＰｈｏｎｅ３Ｇ」は移動通信システムの「第3世代」（3Ｇ＝3rd Generation）から名付けられたものである。２００７年米国発売の初代は単に「ｉＰｈｏｎｅ」であり、初代と３Ｇの間の商品はない。その後、３ＧＳ、４、４Ｓ、５などと続くが、４以降はＧがついていない。

移動通信システムとは、携帯電話の通信方式を意味するもので、アナログである第1世代は1980年代半ば、電電公社の時代からサービスが始まった。いわゆるショルダーフォンという携帯?電話である。1990年代半ばから始まる第2世代からはデジタル方式が採用され、電子メールやウェブ対応が可能となり、端末のサイズもずいぶん小型化された。第3世代は2000年頃から。第2世代では各国で異なっていた通信方式が第3世代から世界標準方式に変わり、音楽配信やゲームとしても使われるようになった。現在の第4世代は2010年代半ばから始まる。超高速大容量通信を実現し、高精細な動画配信を可能とした。

さて、いよいよ第5世代移動通信システム＝5Gの実現が迫ってきた。それを前にして、携帯電話契約数が世界最大の13億件という中国やインドも含め、各国が国際通信規格の標準化を協議している。第4世代まで通信規格の標準化は日米欧が主導的な役割を担ってきたが、第5世代では桁違いの利用者を抱える中国が覇権を狙っている。他国に先駆けて第5世代のインフラを整え、新しいサービスを確立することで世界規模での競争を有利に進めたいとの考えである。

一方、日本でもNTTドコモ、KDDI、ソフトバンクの通信大手3社は、2019年に第5世代のサービスを開始する予定だ。その特徴は、まず10ギガビット以上という通信速度。ハイビジョン放送の16倍もの精度を実現する8K放送に対応できる。第5世代の特徴は通信速度

移動通信システムの発展

世代 （開始年） 規格等	主な通信規格・通信速度	主なサービス
第1世代 （1980年代） 各国別のアナログ方式	9.6Kbps	音声
第2世代 （1993年～） 各国別のデジタル方式	PDC（日本）　28.8Kbps cdmaOne（北米）　64Kbps GSM（欧州）	パケット通信 メール インターネット接続
第3世代 （2001年～） 世界標準のデジタル方式 IMT-2000	W-CDMA　384Kbps CDMA2000　2.4Mbps	静止画配信 ブラウザ
3.5世代 （2006年～）	HSPA　14.4Mbps	音楽・ゲーム 動画配信
3.9世代 （2010年～）	LTE　100Mbps	
第4世代 （2014年～） IMT-Advanced	LTE-Advanced　（高速移動時）100Mbps （低速移動時）1Gbps	高精細動画配信
第5世代 （2019年頃～）	10Gbps ・**超高速** 4K、8K映像に対応 ・**多数同時接続** スマートメーター、ホームセキュリティ、IoT ・**超低遅延** 自動車の自動運転、遠隔ロボット操作	

出典：総務省「2020年代に向けたワイヤレスブロードバンド戦略」（2015年6月）、総務省「移動通信分野の最近の動向」（2016年1月）より編集

の進展という従来の延長だけではない。あらゆるものがインターネットに接続されるＩｏＴ(Internet of Things：モノのインターネット）の基盤技術でもある。その一つが多数同時接続。1平方キロメートルにつき100万台のセンサー・端末との接続が可能で、これによってスマートメーター（メーター内に通信機能を持たせたデジタル式電力量計）やインフラの維持管理に対応できる。新たな特徴のもう一つが、超低遅延、すなわち通信による遅延がほとんどないこと。1ミリ秒（1000分の1秒）程度の遅れであるため、自動車の自動運転や産業用ロボットの遠隔操作を可能とする。遠隔医療への応用も期待されている。

日本の通信大手3社の第5世代への総投資額は5兆円といわれる。第4世代への投資総額の6兆円より少ないが、これは全国にある既設の基地局が一部転用できるためである。

総務省は2017年5月、第5世代の総合実証試験をスタートし、六つの試験グループから成る取組みが進んでいる。実証試験は事業者が行うが、高精細の映像配信、遠隔医療の実証実験、トラックの隊列走行の遠隔管理、好きな角度からスポーツ観戦のできる自由視点映像、在宅勤務などのテレワークなどが対象となっている。

2020年の東京オリンピック・パラリンピック開催に合わせて需要が大きいと注目されるのがコンテンツ分野である。スポーツ中継、たとえばサッカーの試合を四つの8Ｋカメラで撮影し、瞬時に3次元映像に合成してテレビやスマホに送る。視聴者はコントローラーを利用し、見たい視点を自由に選ぶことができるので、ピッチにいる選手の視点に合わせれば試合に参加している感覚が得られる。

米コンサルティング大手のアーサー・Ｄ・リトルは、第5世代が生み出す市場は２０２６年に１・2兆ドル（約１２７兆円）になると推計している。

――ＩＴ企業が時価総額ランキング上位を独占

世界経済で比較的好調な米国市場を牽引するのはＩＴ関連企業である。２０１８年2月末現在の世界時価総額ランキングをみると、第1位は米アップル社で時価総額は、９０３７億ドル（約95兆円）。これは国家のＧＤＰとしては17位にあたり、トルコ、オランダ、スイスなどよりも上になる。それに続くのが米アルファベット社の７６７８億ドル。アルファベットは２０１５年にグーグルが新しい公開持株会社として設立したコングロマリットである。以下、アマゾン・ドットコム（７３２１億ドル）、マイクロソフト（７２２０億ドル）と米国企業が続き、第5位に中国テンセント・ホールディングス（５２００億ドル：スマホ向け対話アプリ）が入る。第6位にはフェイスブック社が入り、ここまですべてＩＴ企業である。

２００７年のベスト10を見ると、エクソンモービルやペトロチャイナ、ロイヤル・ダッチ・シェルといったエネルギー関連、ＧＥやＡＴ＆Ｔなどの老舗企業、シティグループほか金融企業が入り、ＩＴ企業はマイクロソフトだけだった。それが、２０１８年では10社中7社（１～６位ほか、８位に中国アリババ・グループ・ホールディング）がＩＴ企業で占められるようになったのである。

国別で見ると、７位に米バークシャー・ハサウェイ（保険業）、10位に中国工商銀行が入り、ベスト10は7社の米国企業、３社の中国企業が占める。上位20社まで見ても、15位にサムスン電子（韓国）、18位にロイヤル・ダッチ・シェル（オランダ）、19位にネスレ（スイス）が入るほかは、米国13社、中国４社が連なる。

時価総額が１０００億ドル超える企業は、２０１７年5月末の時点で78社あったが、このうちＩＴビジネスを主力とする会社は13社あった。ＩＴ企業が投資マネーを集めるのはＡＩやＩｏＴなどの新しい技術を利用したビジネスに人々の期待が集まっているからに他ならない。

ところで、アメリカのシリコンバレーを拠点に、電気自動車（ＥＶ）などを製造・販売している新興自動車会社のテスラの時価総額は、２０１８年2月時点で５６４億ドル。ゼネラル・モーターズ（５８４億ドル）とほぼ同じで、フォード・モーター（４２２億ドル）を上回る。トヨタ自動車は日本では最上位となる38位の２０００億ドル。時価総額の点ではこれらの企業よりはるかに多いのだが、驚くのは販売台数。トヨタの年間販売台数は１０００万台を超えるが、テスラの場合、２０１６年が7・6万台で２０１７年が〝大きく伸びて〟10万台。いかに投資家から期待されているかがわかる。

投資家が企業を評価する基準は、現在価値よりも多分に「期待」を込めた将来価値へとシフトしている。時価総額ランキング上位にＩＴ企業が多いのも、世界経済を牽引する立役者だと期待されているからである。

ＩＴ企業の時価総額が高いのは、日本企業でも同様。第2位以下を占める顔ぶれは、ＮＴＴドコモ（10・4兆円：２０１８年3月26日＝以下同）、ＮＴＴ（10・2兆円）、三菱ＵＦＪフィナンシャルグループ（9・5兆円）、ソフトバンクグループ（8・8兆円）、キーエンス（7・7兆円：大阪に本社を置く自動制御機器、計測機器などの製造・販売）、ＫＤＤＩ（6・9兆円）、任天堂（6・7兆円）、ゆうちょ銀行（6・4兆円）、ソニー（6・4兆円）となっている。ソフトバンクとキーエンスの時価総額は、過去20年で15～17倍程度に増えた。業界が違うとはいえ、三菱商事（4・4兆円）、伊藤忠商事（3・3兆円）、三井物産（3・2兆円）、住友商事（2・1兆円）といった日本を代表する商社と比較しても大きな差がある。

――ハードウェアとソフトウェアの融合

1969年7月20日、月面着陸に成功したアポロ11号は「アポロ誘導コンピュータ＝AGC」と呼ばれるコンピュータを搭載していた。その性能は、単純な比較はできないもののスマホはおろか、ファミコン以下といわれるのは有名な話だ。

コンピュータは1980年代までは特別な設備であった大型汎用コンピュータ（メインフレーム）が全盛。1990年代にダウンサイジングの波が来て一般にも広く使用されるようになり、そして、クライアントサーバシステム（機能や情報を提供するサーバと利用者をネットワークで結び、サーバが応答する形で処理を進める方式）の時代となった。これからは、モバイルクラウドの時代へと急速に変わりつつある。

小型のモバイルデバイスの機能では、メモリ、処理能力などに制約があるが、その機能で足りない部分を補うために、クラウドコンピューティングとの組み合わせにより、データ処理やストレージ（データを長期間保存しておくための補助記憶装置）をモバイルデバイスの外側に移すことができる。モバイルとクラウドが融合したモバイルクラウドの時代は、クラウドのストレージ容量がほぼ無限大であり、モバイルデバイスを紛失した場合でも、データは紛失されず、引き続き利用できる。

技術革命においては、ハードウェアの時代、ソフトウェアの時代といった単純な二元論はナンセンスだろう。進化した賢い機械（ハードウェア）はソフトウェアを身にまとい、これまで夢であった、または想像もできなかったサービスを提供できるようになり、私たちはその恩恵を受けることができる。

ハードウェアの機能をソフトウェアと融合させて、容易に使用できる魅力あるサービスとして提供できる企業はマーケットに歓迎される。私たちは、その魅力あるサービスを使い、適切に評価し、時にはメーカーやサービス事業者に難問を突きつけることが、技術の進歩を促進する一助となるだろう。

「変化しなければ生き残れない」という、多少の緊張感をともなった健全な危機意識を持つことは、ビジネスに関わるすべての人たちに必要と信じる。

２０１６年のノーベル文学賞を受賞し話題となったボブ・ディランは、１９６４年に「時代は変わる：The Times They Are A Changin'」と歌ったが、時代は、多分、それ以前からも変わりつつあり、変わり続ける。

第４章

ＡＩは人間と社会を
どう変えるのか

──ディープラーニングにより急速に強くなったアルファ碁

1968年公開のSF映画「2001年宇宙の旅」に登場するコンピュータHAL9000は人間的感情を持ち、人間への謀反を起こした。一方、鉄腕アトムや「スター・ウォーズ」に登場するC―3PO（トヨタプリウスのCMにも出演した金色の人間型ロボット）はあくまで友好的だ。さて、AIは私たち人間を超える知性を持ちえるのだろうか。

コンピュータのアルファ碁は世界王者を打ち負かした。グーグル傘下の英グーグル・ディープマインド社が開発したアルファ碁は、2016年、世界ランキング上位の韓国プロ棋士、イ・セドルとの5番勝負を4勝1敗とした。この時、世界最強、ランキング1位の中国の柯潔（カケツ）九段は、「イ・セドルには勝てても僕には勝てない」とツイートしたが、2017年5月、アルファ碁に3連敗を喫したのである。囲碁はチェスや将棋に比べると戦略が複雑といわれており、2015年以前の囲碁プログラムは、アマチュア有段者に勝つのがせいぜいであった。

2015年以降に囲碁プログラムが強くなった理由は、人間の神経を真似てつくったニューラル（神経）ネットワークを応用したAIが搭載されたためである。ソフトウェア開発の際に、特定の動作環境を決め打ちして、その環境を前提とした処理やデータをソースコードの中に直に記述することをハードコードというが、ニューラルネットワークでは、経験則が人間によってハードコードされておらず、代わりにプログラム自身によって自分自身との対局を数千万回繰り返すことによってかなりの程度まで学ぶ。イ・セドルとの対局にあたっては、過去15万局の盤面を研究して碁石の並び方を徹底的に比較し、そこから勝ちにつながる展開を見つけたという。

アルファ碁の開発チームでさえ、アルファ碁がどのように石の配置を評価し次の手を選択しているかを指摘することはできない。アルファ碁は、それ以前の囲碁プログラムから著しい発展を遂げ、その他の利用可能な囲碁プログラムと対局した５００局の内、１局しか負けていないという。

ところで、囲碁の打ち手はルールによる打ち手の制限を加味しても、およそ10の３００乗を超えるという。ＡＩがプロ棋士に勝つのはしばらく難しいとされた理由は、この膨大な打ち手の数によるところが大きかったが、アルファ碁の勝利はＡＩの急速な進化を世界に示す結果となった。

注目すべきは、ＡＩが進化していく過程に「ディープラーニング（深層学習）」というシステムがデータの特徴を学習して事象の認識や分類を行う「機械学習」をさらに発展させた手法、すなわち、ニューラルネットワークでデータの分析と学習を強力にした手法がみられることだ。データの特徴を深いレベルで学習し、高い精度で特徴を認識できるため、人の声の認識やカメラ撮影の画像認識などでも応用が期待されている。

また、アルファ碁は、通常人間の棋士が打たないような手を打って勝利したというが、プロデビュー後の公式戦29連勝で大変な話題となった将棋の藤井聡太七段は、コンピュータ将棋のパターンを自分のものとし、その指し手は、ＡＩが思考するパターンとほぼ同じという検証が報道された。

アルファ碁を開発したデミス・ハサビス氏は、１９７６年英国生まれの人工知能研究者。アルファ碁の目的は「汎用学習アルゴリズムの構築」とディープマインドの理念である「人間の知性を解明すること」であるとして、世界ランキング1位棋士の柯潔に3連勝後、「人間との対局はこれを最後とする」と発表した。ハサビス氏のコメントを引用しよう。

「今後、アルファ碁の開発チームは〝次のレベル〟のための開発に注力します。アルゴリズムをより汎用的なものに改造し、この世の中に存在する複雑な問題を解決するためのお手伝いができるようになればと考えています。想定しているのは、病気の治療方法の発見や、消費エネルギーの劇的削減、革新的な新素材の開発などです」

このような社会貢献に有効活用してくれるなら本当に素晴らしいと思うがいかがだろうか。

――コンピュータが人間を超えることはない？

シンギュラリティ（Singularity：技術的特異点）という言葉がある。２００５年、米国の著名な未来学者、レイ・カーツワイルの『シンギュラリティは近い』という本で紹介された言葉だ。機械が自らより優れた機械をつくり、その機械がさらに自らより優れた機械をつくるため、機械の進化が止まらなくなること、すなわち、機械が自動的に進化し進化が無限に続くことを意味する。カーツワイルは過去にインターネットの普及やチェスでコンピュータが人間に勝つ時期をかなり正確に予測した実績がある。

また、カーツワイルは、コンピュータの性能は指数関数的に向上し、２０３０年代のはじめには人間の脳のすべての領域の働きについて、詳細に理解できるようになるという。具体的には、脳の機能をスキャンして理解するだけでなく、それらを別の基盤に再インストールする、というSFのような世界を予測している。

シンギュラリティの世界を表わす話題に「２０４５年問題」がある。２０４５年にはコンピュータの能力が人間を超え、技術開発と進化の主役が人間からコンピュータに移る特異点（シンギュラリティ）に達するとするものである。言い換えれば、機械の進化が自動で無限に続く瞬間である。

私たちの多くは、シンギュラリティを迎えた世界は、人間には制御不能な世界、ＡＩが人間にどんな影響をもたらすのかわからないとして不安を覚えるだろうが、ＡＩと人間との関係はこのような悲観的な見方だけでなく、楽観的な見方もある。

悲観的立場からの警鐘は、ジェイムス・バラット『人工知能―人類最悪にして最後の発明』（２０１５年・ダイヤモンド社）である。ＡＩは自らを書き換えて知能を進化させて、最終的には自分を閉じ込めていたコンピュータの箱から外に出ようと試みるという。

同書で最も議論となるのが「クリップ・マキシマイザー」という仮想的なシナリオだ。ＡＩに「クリップを製造する」という目標を組み込むと、この目標を遂行し続けるあまり、地球全体や宇宙空間をクリップ製造工場に変え始めるのである。これを馬鹿げた戯言というのは容易だが、人間がＡＩをコントロールできるのか、ＡＩは目標達成のために人間の良識やまっとうな価値観を無視するのではないか、という可能性を示唆している。

理論物理学者の故・スティーブン・ホーキング博士やマイクロソフト創業者のビル・ゲイツも「完全なＡＩが開発されれば、人類を終焉に導く可能性がある」と懸念している。

また、未来の話ではなく、現実のＡＩにも人間の不安をかきたてる可能性はある。２０１６

年3月、マイクロソフトのつくったＡＩ、「Ｔａｙ」（テイ）が公開された。Ｔａｙは、人が話しかけると意味のある返事をするチャットボット（chatbot：chat＝おしゃべり、bot＝ロボットの略でプログラムに該当）で、ツイッターに書き込みをする。ところが、あるユーザーに教えられたヘイトスピーチや反ユダヤ主義（ヒトラー礼賛）をツイートしたため、開始から1日も経たないうちに公開停止となった。

これら悲観的な見方に対し、多くの研究者は楽観的なようで、「ＡＩは目標達成への適切な手段を見つけ出すが目標そのものを考えることはない」というのが大方の見方である。ＡＩやロボットがその任務を遂行できるのは、そのシンプルな能力を中心としたフレンドリーな環境・情報領域が構築されているからであり、機械に意識がある、知性がある、人間のように何かを理解したり認識したりするという事実はない。記憶と作業はとても得意だが思考はできないとの考え方だ。

この考え方に立脚するオックスフォード大学情報哲学・情報倫理学のルチアーノ・フロリディ教授は「アルファ碁は対局の最中に火災報知機が鳴り響いても、次の一手を探し続けるだけだ」とコメントしている。

実際のところ、シンギュラリティが起きるのか起きないのか、ＡＩの席巻する未来は人間にとって悲劇なのか有意義であるのか、私にはよくわからないが、冷静に考えれば以下のように落ち着く。

ＡＩは与えられた命題の枠内でのみディープラーニングするものとすれば、〝人間には予測できなかった〟という言葉でよく表されるアルファ碁の一手も、極めて膨大な過去の情報と対局中の情報とを対象とした超高速計算による分析の結果に基づく、最も確率の高い一手といえるのではないか。そうであればシンギュラリティは起きないと理解する。すなわち、ＡＩが本質的な意味で自ら思考することはないと思う。

ＡＩの最大のリスクは、マイクロソフトのＴａｙのように人間が使い方を間違えることだろう。ＡＩに限らず、ダイナマイト、原子力といった発明も同様で、テクノロジーは人間の役に立つように正しく使うことが何よりも重要である。これを十分に理解して実践しなければならない。

――ＡＩやロボットはむしろ新技術、新ビジネスに寄与する

技術の進歩は文化の発展と密接に関係するものであり、新たな機械の登場によって、人間の仕事や生活がずいぶん変わってきた。長い人類の歴史の中でもその代表例といえるのが、18世

紀半ばから19世紀にかけて英国中心に起きた産業革命であろう。

産業革命の中でも最大の変化をもたらしたのが蒸気機関である。蒸気機関が鉄道や船に使われたことで、人間の行動範囲や物資の輸送力が格段に大きくなった。これには、同じく産業革命時代の出来事である製鉄技術の改良も大きく影響した。

もう一つ、産業革命における大きな出来事が、織物産業を中心とした様々な技術革新である。織機や紡績機の発明・改良により綿織物が爆発的に増加、その影響で、働くスタイルが家での仕事から工場での仕事に変わり、ひいては資本家と労働者の対立構造を生み出すこととなった。近年、ＡＩやロボットが人間の仕事を奪うのではないかと騒がれているが、これと同じ状況が産業革命時代にも見られる。19世紀前半の英国で、機械の普及によって失業のおそれを感じた手工業者や労働者が機械を破壊する暴挙に出た。これがラッダイト運動であり、労働運動の先がけともいわれている。

産業革命以降、技術革新は格段に進展し、人間の仕事や生活が大きく変わっていった。生活面では、氷による冷蔵保存から冷蔵庫や冷凍庫に、洗濯板から洗濯機そして乾燥機付き全自動洗濯機に、手洗いから食器洗い機に、ほうきから電気掃除機、そしてロボット掃除機に、というように、それまで人間の直接してきた仕事が自動化、省力化されるという流れである。

また、近い将来に実現するであろう自動車の自動運転は、人間の仕事を大きく変えることになるだろう。そして、情報収集やその分析、さらには判断までもＡＩがやってくれるようになるだろう。現時点でも、ＩＢＭが開発したコンピュータシステムのワトソンは、質疑応答や意思決定をサポートしてくれる。ペッパーなどの人型ロボットも簡単な接客をしてくれる。さらには、労働を代替するだけでなく、癒しやユーモアを与えてくれる人型ロボットも登場してきている。

産業面では、ロボットの役割はすでに非常に大きくなった。工場ではロボットの代替により、人間が関わる仕事の範囲が縮小している。今後、その流れは事務部門にも及んでいき、ＡＩや高度に進化した情報システムがホワイトカラーの仕事をどんどん奪っていく可能性が論じられている。

こうして、ＡＩやロボットによって人間の仕事が奪われ、失業が増えるという議論にいきつくのであるが、私は、日本においては当てはまらないだろうと考える。

その理由として、将来の日本で心配されているのは失業の増加ではなく労働力の不足であり、新しい技術やシステムによって不足した労働力が補われていくものと考えるからである。また、技術革新そのものが新しい仕事、製品やサービスを生み出す材料となり、様々な新しいビジネスが登場し、雇用が生まれると考える。将来的には、それが想像もつかない規模と内容になる可能性が高い。

――ＡＩ社会における人間のすべき仕事と経営の本質

ＡＩやロボットが人間の仕事を奪うとは考えにくいものの、技術革新により一部の仕事が廃れたり、なくなったりすることはありうる。これまでも、電話交換手やタイピストといった職種は１９９０年代半ば以降、ほとんど見られなくなった。近年登場したコンビニにおいても、バーコードシステムが商品管理はもちろん、決済やサービスにも導入され、顧客の待ち時間が少なくなって省力化が進んだ。スタッフの数も少なくて済んでいるはずだ。

すなわち、なくなる仕事とは、これまで人間がまさしく〝機械的に〟やってきた作業であり、この分野では能力の高いＡＩやロボットが代替していくことになる。自ずと人間のする仕事、すべき仕事が変わってきて、働き方や労働環境も変わっていくだろう。そんな環境で、私たちはどう仕事と向き合ったらいいのか。思いつくままに、私の考えを掲げてみたい。

・ビジネスの主体である人間を相手にビジネスをする。交渉や教育など、相手の「心」を思いやり機微をくみ取る仕事、あるいは、共感や感動をともなう仕事が大切になってくる。

・ひらめきや創造的な発想が求められる仕事では機械化が難しい。組織づくりチームづくりも同様。その際に、人間にあって人工知能にないもの—主体性、意思、目的、リーダーシップ—を発揮し、価値の高い仕事や仕事の進め方を考え、実行すること。

・アイデアをどんどん出すこと。そして、アイデアで差別化できるユニークな事業の経営者、または高度なスキルを持つ労働者となること。

・オープン戦略とクローズ戦略を使い分ける。独自技術や知識の中で、本当に大切なものを自社だけで使うのがクローズ戦略。その他のものは他社に開放するのがオープン戦略。自社の立場や業界の慣習にばかりとらわれていると、せっかくのビジネスチャンスを逃しかねない。

ところで、AI技術が加わったことにより、ある程度粗雑なパーツでも適度に稼動することが可能になった。その結果、日本企業の強みであった製品の精緻さを追求する部分最適より、全体最適をよりいっそう考えなければならない。

ドイツが進める製造業の革新プロジェクト「インダストリー4・0」の考え方のように、世界の流れはシステム全体を最適化する技術開発やビジネス設計に向かっている。

〔各種設備やロボット〕→〔製造ライン〕→〔工場ライン操業〕→〔グローバル視点での工場管理〕→〔社会システム〕といった各段階において、コンピュータ上の仮想空間で生産活動のすべてを数値モデル化しシミュレーションすることでシステムを最適化し、システム全体も最適化する。その対象は計画、設計、製造、販売、保守といった企業活動全般に及ぶ。実際に比較的単純なビジネスの仕組みであっても、個々のシステムの最適化だけでなく全体システムを最適化し、さらに周囲や環境との関連を考え改善していくことは効果をあげるはずだ。

全く別の視点として、経営の本質に立ち返ることもＡＩ社会で重要になると考える。日本経済新聞社主催の「事業継承・Ｍ＆Ａセミナー」（２０１７年３月）の基調講演で、一橋大学大学院国際企業戦略研究科教授の楠木建氏は、優れた経営者の条件として以下のように述べている。

・分析よりも統合……本当に大切なことはだいたいわかっているので分析、調査といったことは後回しでよい。
・何をしないかを決断する……何をしないかを決めることで他社と違うユニークさに自社を位置づけられるが、その方が顧客も選びやすく長期的な利益に結びつきやすい。
・思考は組み合わせでなく順列で時間軸がある。
・戦略とは自分たちはこうするという未来への意思表示……思わず人に話したくなるような話をするのが優れた経営者。企業が儲けを出すためには、顧客の支払い意欲を高める、コストを下げる、あるいはその両方を実現するしかない。センスある経営者はこの三つを常に意識していて、こうすれば儲かるという方向に動く。
・具体的な問題の本質を抽象化して、似たような問題に直面したとき「要するにこういうことだ」と迅速に対処できるのがセンスある経営者。

――ロボットは電子人間か

ＡＩの社会での位置付けについては法律や制度の面でも活発な議論が始まっている。ＥＵ（欧州連合）の欧州議会の法律問題委員会では、労働に従事するロボットを電子人間（electric person）として、所有者には社会保障費などの税を負担させるべきとの案をまとめた。同委員会による２０１７年5月31日付の決議案では、「ロボットの知的向上や普及拡大を踏まえると、税制から法的責任に至るまでのあらゆる問題が再考を迫られる」と指摘している。企業にロボットの登録リストを作成させ、ロボットの利用による社会保障費の節約分を開示させることで徴税するとの考えも示されたが、ドイツ産業界は、「先走りした考えであり、そもそもロボット普及と失業率の間に相関関係は見られない」と反論している。欧州議会は立法権を持つものの法案提出の権限を持たないが、今後、引き続き議論を呼ぶだろう。

第５章

金融業は技術革新との親和性が高い

――ＩＴ企業が金融業に参戦

日銀のマイナス金利政策や低調な企業投資という逆風を受けながらも、銀行や証券会社などの金融業界において技術革新がもたらすイノベーションは、他業界の状況に勝るとも劣らないスピードで進んでいる。

Banking is necessary, banks are not.
（銀行業務は必要だが、銀行は必要ない）

これはマイクロソフトのビル・ゲイツが20年以上も前の１９９４年に言った言葉だが、このときすでに、ビル・ゲイツはフィンテックなどの発展を予測していたのではないか。フィンテック（Fintech）とは、金融（Finance）と技術（Technology）を組み合わせた造語で、ＡＩ、ビッグデータ、スマートフォンなどの最新技術を駆使する金融関連サービスを指す。日本では２０１０年代半ばに登場したが、米国ではその10年ほど前から使われていたようである。ただし、10年違えば技術革新は大きく変わるから、２０００年代半ばの米国でのフィンテックと、現在のフィンテックでは、内容はかなり違うだろう。

昨今、国内経済は大企業を中心に好調で、景気は高度経済成長期におけるいざなぎ景気を超えた（期間的な最長は、２００２～07年のいざなみ景気）との見方もあるが、①企業や家計の借入需要の伸び悩み、②金融機関における競争の激化、③金融緩和政策の影響による超低金利の長期化、といった状況では、銀行のパフォーマンス全体の結果である業務純益は立派な数字でも、貸出業務の収益力は低下が続いている。

わが国には少子高齢化、人口減少といった経済規模縮小を懸念させる課題もあるし、従来の金融機関の競合先は、イオン銀行やセブン銀行のような大手流通企業グループによる参入だけではない。ＩＴ企業も大きな脅威となっているのである。たとえば、ツィッターの共同創設者兼ＣＥＯのジャック・ドーシーは、２００９年にスマートフォンをクレジットカード決済端末にするスクエア（Square）というサービスを始めた。アマゾン・ドットコムは同社のアマゾン・マーケットプレイスに参加している法人販売事業者向けの融資サービス「アマゾン・レンディング」を２０１４年に開始した。

金融関連企業の経営の舵取りが難しい時代である。過去には、フィンテックは金融業にとって敵なのか味方なのかという議論もあったようだが、その議論はもはやナンセンスだ。むしろ、フィンテックを活用した新しいサービスの提供と顧客満足度の向上（サービスの普及）に知恵を絞ったほうがよい。従来の銀行が担っていた決済の領域や一般消費者向けのローンが、新しいサービスを提供する新たなプレーヤーによって、ある程度まで代替されるのは明らかだ。

外部環境の変化はコントロールできない。既存の金融機関は、自らが構築した顧客とサービスによる基盤を生かして、新しいサービスを早めに試して取り込んでいき、差別化できるビジネスモデルを構築することが王道の戦略だろう。その過程で資産ポートフォリオや組織の大幅な変更もありえる。

――クラウドやＡＩの発達で銀行以外に金融業務が広がった

当初のフィンテックの事業領域は、主に個人向けの支払や送金が中心だったが、やがて資産管理や貸出の分野にも広がり、対象とする顧客に大企業や中堅中小企業なども含むようになった。既存の金融機関はフィンテック企業と競争する一方、分野においてはフィンテック企業との連携を構築していくことが求められる。

２００８年秋のリーマン・ショック以降、金融監督当局による銀行の資本規制強化や業務制限により、銀行は自己資本比率を高めるために融資を減らす方針をとった。従来の金融とは別の道を模索した人たちは、専門的なノウハウにＩＴ技術を加えて新しい仕組みやトレンドを創ろうと試みた結果、銀行以外の企業が小口融資に参入した。一方、銀行はＩＴを活用し自らの業務コストの削減を進めてきた。

こうした状況下、インターネットを利用してデータ処理や保存ができるクラウドサービスが普及し、企業は大規模なシステムを持たずしてサービスが提供できるようになった。

さらに、スマートフォンの普及で個人が金融取引を行える環境が整い、ＡＩの発達でビッグデータを利用した斬新で高度なサービスが提供できるようになった。シリコンバレーの先端企業を中心に新しい技術を金融に取り込む機運が生まれ、今までにない革新的なサービスが誕生してきたという歴史があり、海外、特にアメリカでは、伝統的な銀行よりも銀行以外の企業がフィンテックを主導している。

フィンテック企業の主なサービスは、決済、送金、口座管理、ショッピングサイトなどのほか、資産運用、融資仲介、株式取引仲介、家計管理など多岐にわたっており、ＡＩの利用による精度と利便性の向上、そして手数料の大幅な引き下げが特徴だ。コンピュータでもあるスマートフォンを持ち歩けるようになり、ネット上では異なるサービスと連携できる技術が発展したため、利便性が一気に高まった。個人の生活や企業の取引形態は変わりつつある。

――フィンテックで銀行、証券、生保のサービスはこう変わる

金融サービスは、貯蓄・運用・投資・管理・決済・送金・保険に区分されるが、フィンテックの活用により、これらを支援する新たなサービスが多数登場し、手続きに掛かる時間も飛躍的にスピードアップした。ＡＩやロボットが、銀行やフィンテック企業による金融サービスの概念を変えていく。私たち消費者は、今後提供される様々なサービスの中から、使いやすく、より便利なものを支持し、支持を得たサービスはシェアを拡大することになるだろう。

日常的な支払が現金からカード、電子マネー、スマートフォンなどに取って代わり、現金そのものを使うニーズが著しく減ると、ＡＴＭの数や窓口への距離は重要でなくなり、代わりに、提供できるサービスの内容、使いやすさ、問題が発生した際の対応などが選ばれる条件となる。消費者には便利な時代といえるが、選択肢も増えるため、本当に必要なもの、有益なものを見極める目利きも必要だ。

また、クレジットカードで買い物をした端数のお金を投資に回すサービスといった面白い試みも現実になっている。しかし、手数料やリスクとの見合いで利用を判断すべきだろう。

銀行、証券、生保で進むフィンテックの取組みを知ると、未来社会の一端が見えてきそうだ。以下に、各業界におけるフィンテックのサービス内容を挙げてみよう。

〈銀行〉…メガバンク、地銀、ネット銀行を含む

○次世代型国際送金サービス（迅速性、手数料削減）
○仮想通貨による銀行間送金
○指紋認証だけで現金引出ができるATM導入
○ベンチャーの顧客情報へのアクセス簡素化・迅速化
○中小企業向け取引開拓のための提案
○AIを利用した為替動向の予測
○ブロックチェーンを利用した金融基盤の構築実験

〈証券〉

○AIが決算データを分析し有望銘柄を選別（ロボ・アドバイザー）
○ロボ・アドバイザーに一任する投資
○口座開設の簡素化（ブロックチェーンを利用し他の金融機関と顧客情報を共有）

○株式の売買成立時の作業にブロックチェーンを応用し、手間・コストを削減

〈生保〉

○ウエアラブル端末でチェックした健康状態に応じて保険料を設定する保険の開発

○糖尿病患者向けの治療プログラムと併せた保険の開発

○運動や食事のデータを集め、健康への取組み状況に応じて保険料が変動する保険の開発
（スポーツジムでの運動、野菜購入、一定の平均歩数などでポイントが付き、保険料が安くなる。病気の防止に役立つかもしれない）

――使い方次第で利用価値が高くなる仮想通貨とブロックチェーン

金融革命の核となるのは、仮想通貨とブロックチェーンといわれる。仮想通貨はインターネット上のみで取引される「デジタル通貨」の一種で、2018年4月現在、全世界で1600種類以上、時価総額は約27兆円といわれる。政府や中央銀行の管理はなく、法定通貨との間の交換レートも設定されていない。

ブロックチェーンは、仮想通貨の取引を支える基盤となる技術で、ユーザー同士が分散して台帳を持つ「分散型取引台帳」とも訳される。内容は、ブロックと呼ばれるデータの単位が一定時間ごとに生成され、これを鎖（チェーン）のように連結することによりデータを保管するデータベースのこと。一度記録するとブロック内のデータを遡及して変更することができない。

わが国では、２０１４年に仮想通貨取引所「マウントゴックス」から仮想通貨「ビットコイン」が消えた事件が世間を賑わせた。近年では、２０１８年1月、仮想通貨取引所「コインチェック」から５８０億円相当の仮想通貨「ＮＥＭ（ネム）」が不正に流出したことが発覚、金融庁はコインチェックに対し業務改善命令と立ち入り検査を行った。

コインチェックの事件は、仮想通貨取引所の法令遵守やセキュリティシステムの対応が不十分な現状を明らかにし、また、仮想通貨自体の怪しさやリスクが露呈したとの印象が強い。マネーロンダリング（資金洗浄）など仮想通貨が悪用された疑いのある取引は、２０１７年４月から12月までに、仮想通貨取引所が国に届け出た件数に限ってみても６６９件との警視庁の報告がある。ＮＥＭでは、90億円分が匿名性の高いダークウェブサイトを通じて他の仮想通貨に資金洗浄された疑いがあるという。

従来、わが国に二つあった仮想通貨の業界団体、すなわち、日本ブロックチェーン協会（関連業者15社）と日本仮想通貨事業者協会（同22社）は、信頼回復のため、統合による新団体設立に合意し、2018年4月23日、「一般社団法人日本仮想通貨交換業協会」の設立を発表した。安全管理体制や顧客資産保護などの行動規範を作成し、利用者の信頼回復につなげる意向だ。新団体のメンバーは金融庁の登録業者16社に限定し、登録申請中の「みなし業者」は除外する。コインチェックもみなし業者であり、正式に登録されていないみなし業者がなぜ大規模な営業をできたのか疑問に思うが、事件を契機に行政の対応も一歩進んだといえる。コインチェックはマネックスグループに買収され、その傘下で経営改善を進めることになった。仮想通貨取引の健全化のため、今後は業者の淘汰が進んでいくだろう。

ところで、そもそも仮想通貨は、いわゆる「通貨」と呼べるのかという基本的な部分において専門家の意見が分かれる。日銀の黒田東彦総裁は、「仮想資産という言い方に変えるべきともいわれる」との認識を示した。仮想通貨は円やドルなどの法定通貨とは異なると述べたうえで、決済手段としての広がりに懐疑的な見方を示したといえる。また、国際決済銀行（ＢＩＳ）のカルステンス総支配人は、「通貨の役割を満たすのに適さない」とコメントした。通貨の番人といわれる中央銀行にとって、価値が目まぐるしく乱高下する仮想通貨は、伝統的な通貨とは、まったく別物として認識されるのだろう。

三菱ＵＦＪフィナンシャルグループ（ＭＵＦＧ）は、独自の仮想通貨「ＭＵＦＧコイン」を開発中で、2019年に10万人規模の実証実験を予定している。利用者が安心して使えるように、

１ＭＵＦＧコイン＝１円として安定させる方針という。

仮想通貨のデメリットとしては、「国の中央銀行による価値の裏付けがなく、信用性が低い、流動性が小さい、決済ができる店舗が少ない」といった点が挙げられるが、ＭＵＦＧのような格付けの高い国際的なメガバンクが仮想通貨を発行するようになると、仮想通貨も投機性が高いものとそうでない安定したものに分かれていくものと予想される。

そもそも、仮想通貨のメリットは、「送金の早さと安さ、為替レートがないがゆえの経済の活性化、分散投資（インフレ対応）としての活用」などであったが、大儲けができる（かも）という投機性が異常に注目されて人気を集めてきた。適切な規制は公正なビジネスや社会的な行動を保証するためには必要不可欠と思われる。ある程度の法的整備がなされることは、逆に自由で安心できる利用につながるだろう。

私は、仮想通貨の投機的な側面が抑えられ、信頼を得て実際の取引に利用されるようにならないと、その将来性はないと思う。国際間の大きな取引にどれだけ利用されるようになるかは疑問であるし、送金手数料の安さなどは、そもそも従来の銀行が手数料を値下げすればメリットではなくなる。日本やアメリカなどは仮想通貨の取引量が多く、行政も規制はするものの今のところ容認している。世界各国の仮想通貨に対する対応は、国の事情により様々だが、中国は小規模の個人間取引のみを認め、国内での仮想通貨取引をほぼ禁止した。

2018年2月、インド政府は、仮想通貨を法定通貨として見なさず、決済には利用されるべきではないと発表した。しかし、同時に「デジタル経済を導くためブロックチェーン技術を利用することについて、政府は積極的に検討する」と発表した。

このインド政府の方針は注目に値する。仮想通貨の中核技術であるブロックチェーンと仮想通貨の人気や利用状況は切り離して考えるほうがよいとの専門家の指摘がある。高い信頼性と透明性が求められる金融や証券取引では、ブロックチェーンの利用による国際送金コストの大幅な削減だけでなく、株式の即時受渡しに活用できる恩恵があるため、米国、ドイツ、オーストラリア、日本、韓国などの証券取引所が取組みを急いでいる。

さらに、ブロックチェーンが最も活用できるのは、AIとIoT、シェアリング・エコノミーという成長分野になるとの意見もある。ブロックチェーンの特徴である、データ改ざん不可能は「信頼性」であり、取引履歴の過去から現在までの閲覧は「正当性と安全性」であり、情報の共有は「透明性」である。したがって、改ざんされていない正しい情報を共有できることは、成長分野にあるAIやIoTの安全性や信頼性を高めるので、社会に受け入れられて実用化されるために有効である。既存の完成された情報処理システムを仕組みの異なるブロックチェーンに置き換えるのは技術的にも容易ではないだろうし、費用対効果の検証も必要だが、様々な分野で利用される日は意外と近いように思う。

――中国が大きくリードするモバイル決済サービス

仮想通貨に興味のない人でも、「Suica」を使ってコンビニや自動販売機で買い物をしたことはあるだろう。これが、いわゆるモバイル決済サービスである。日本のモバイル決済金額は、日銀の統計によると２０１６年（暦年）に5兆１４３６億円となり、前年比で10・８％増、件数は約52億件となった。ただし、牽引役は「Suica」や「PASMO」などの交通系電子マネーであり、スマートフォンに専用アプリを入れて買い物をするケースは海外と比べてまだ少ない。

米国の２０１６年のモバイル決済金額は１１２０億ドル（11兆８７００億円）と試算され、今後5年間は20％成長、２０２１年までに現在の約3倍に成長すると予測されている。

米国発の日本で使えるモバイル決済は、ペイパル（PayPal）、アップルペイ（アップル社：Suicaと連携）、アンドロイドペイ（グーグル社：楽天Edyやnanacoに対応）があり、日本勢ではLINE Pay（LINE）、楽天ペイ（楽天）などがある。

中国ネット通販最大手のアリババ集団のモバイル決済サービス「アリペイ」（Alipay ＝ 支付宝）は、２００４年にサービスを開始し、現在では、中国のモバイル決済市場の過半を占めるまでに成長した。日本でも、増加し続ける訪日中国人（2015年：499万人超、2016年：637万人超、2017年：735万人超）を対象にコンビニ、百貨店、家電量販店などで導入店が急速に増え、2017年末で約4万店で使用できるようになった。アリペイを利用できるのは、中国の銀行に口座を持つ人に限られるが、将来的には日本の銀行口座の利用者も対象とするように検討されている。

このように、モバイル決済で世界を圧倒的にリードするのが中国で、2016年の市場規模は38兆元（約640兆円）と、米国の50倍以上だ。中国は米国に比べてクレジットカードがそれほど浸透していないこともあり、アリペイやSNS最大手テンセントの「ウィーチャットペイ」（WeChat Pay＝微信支付）といった個人向けのモバイル決済サービスが急成長している。

――金融は人間のための技術革新を創出しやすい分野

他業界からの新規参入、資金需要の伸び悩み、AIによる合理化・効率化などにより、金融業の将来を悲観する意見も多い。一体、そうだろうか。モバイル決済でも、決済という行為自体は昔も今も変わりがない。すなわち、ニーズは歴然としてあるが、そのあり方や手続きなどが著しく変容した。ほかにも、貯蓄、運用など金融にまつわる行為は社会・経済の根幹をなすがゆえに、ニーズがなくなるわけではない。しかし、やり方は変わる。

競争が激しくなり、ユーザーへのサービスにも工夫を凝らさなければならないが、様々な実験的な試みが可能となっていく環境において、従来の金融機関は、既存システム、インフラ、人材、資金といった自らの強みを活用する試みも必要となる。時には、そうした強みにとらわれずに新しい事業モデルを推進することも望まれよう。ブロックチェーンのアイデアが発表されてから10年足らず。新しいデータ管理・利用方法はこれからますます進み、発表され、普及のために市場テストを受ける。どのようなサービスが市場に登場するのか、ある程度の見極めがつくまでは、全方位に注意する眼が必要だ。

近年、地域の特徴ある成長戦略プロジェクトに主体的に関与し、経済活性化と域内ＧＤＰの増大をミッションとする銀行が登場した。銀行員が自治体職員として勤務したり、大学発ベンチャーの立ち上げを支援するなど、銀行業務以外の特命を実行している。目先の収益を追わず、産学官民のネットワークを利用して、資金も人材も出すという戦略だ。一時的な対症療法でなく、中長期の視点から新しい需要の喚起と経済拡大を目指すアプローチとして高く評価したい。

既存の金融機関の業務は、新しいサービス、規制緩和、新規参入をキーワードとして、境界線のない競争状態に入りつつある。新しいテーマやニーズを見つけて、成長へのシナリオを描く過程では、ややもすると負の遺産のようにいわれる既存のシステムや多くの人材（特にエンジニア系）は、現在の顧客に向けたビジネスに欠かせないだろうし、たとえば、スタートアップ企業と協業する新しいビジネスでは、新しい企業にはない資源や機能として役に立つはずだ。

オンリーワンといえるサービスの積極的な提案が期待されるが、ＡＩなどの技術は目的でなく、あくまで何かをするための手段。人間とＡＩの連携により、人間の持つ能力を増大するヒューマン・オーグメンテーション（Human Augmentation）という概念や、人間、ＡＩ、テクノロジーの一体化により、相互に能力を強化しあう、ＩｏＡ（Internet of Abilities：能力のインターネット）という未来社会のベースとなる考え方がある。金融は、人間と技術の親和性が高く、進化が受け入れられやすいという意味で、この考え方が最もよく当てはまる分野だと思う。

これからの金融機関は、企業連携やネットワーク構築の成果によって、真に新しいサービスや付加価値を創造しユーザーの心をつかむこと、また、新興企業とのタイアップにおいては時には黒子や裏方に徹してインフラを提供する立場になることも求められるだろう。

新しい技術は、経営組織、経営管理やその技法などの創意工夫や革新を通じて、初めてイノベーション（技術革新）として有効に具現化し、利用者や市場に受け入れられるようになる。同時に、リスク管理や情報セキュリティを軽視せずに確実に進めることが、結局のところ、信頼を勝ち得てニーズとなるだろう。

INTERVIEW 1

マネーリテラシー向上を通じてもっとチャレンジできる世界へ

株式会社 ZUU　代表取締役社長
冨田和成

◆お金は平等をもたらすツール

松田　まず最初に、ZUUの製品、サービス、戦略などをお聞かせください。

冨田　私たちの事業コンセプトは「お金のリテラシーを向上し、お金の不安を無くす。一人一人がもっとチャレンジできる世界へ」です。お金に関心のある人、投資を始めようと思っている人、投資を始めたばかりの人をメインターゲットに、情報とツールを提供し、リテラシーを高めてもらったうえで安心してお金の管理や運用してもらうお手伝いをする仕事になります。

具体的な事業内容としては、まず、フィナンシャルメディアプラットフォーム事業があり、その中のサービスに「ZUU online」があります。お金や資産運用に関する記事を中心に専門家がわかりやすくまとめており、誰もが無料でアクセスできます。今やアクセス数が月間350万人に達し、この分野では日本最大のサイトになったのではないかと思います（インタビュー時：2017年8月）。

また、「ZUU SIGNALS」という個人投資家向けの資産運用ツールのサービスがあり、主に投資の初心者向けにポートフォリオをつくるお手伝いをしています。企業の株価や決算情報を独自のアルゴリズムで自動的に判別し、「シグナル」の名が示すように、各銘柄を青＝好調に推移している銘柄、黄＝警戒が必要な銘柄、赤＝危険な兆候を示している銘柄で表すことで、一目でわかるようにしています。

このように、お金に興味を持ち始めた人に私たちのサービスを利用してもらい、だんだんと理解していき、実際に行動に移すまでのプロセス、これを私は「ナーチャリング」（nurturing＝養育する・育成する）と呼んでいますが、その流れを一つのプラットフォームにまとめてサービスしています。

冨田和成

Kazumasa TOMITA

株式会社ZUU代表取締役社長。一橋大学経済学部卒。野村證券にて最年少営業記録を樹立。「ZUU online」「FinTech online」など資産運用の総合プラットフォーム運営、FinTech推進支援などを行う。2016年度「日本テクノロジー Fast50」1位受賞。「デロイト アジア太平洋地域テクノロジー Fast500」8位受賞。著書に『大富豪が実践するお金の哲学』『鬼速PDCA』『営業―野村證券伝説の営業マンの「仮説思考」とノウハウのすべて』（いずれもクロスメディア・パブリッシング）など。

松田　会社の名前を考えるとき、「あ」や「A」から始まる言葉を考えるケースが多いと思いますが、なぜ「Z」から始まる社名にしたのでしょうか。

冨田　動物園のZOOにヒントを得ています。元々私はドメスティックな人間で、20代半ばまで国内でずっとやってきました。ところが、27歳のときに前職でシンガポール駐在を任じられ、併せてシンガポールのビジネススクールにも行かせていただきました。大学＝ユニバーシティというところは面白いところで、各国からいろんな人間が集まってくる。まるで動物園のようです。さらに、その中で人々が学び合い、お互いを高めていく。この関係に非常に感銘を受けました。

私たちの会社は金融関係の情報を扱っていますから、周りからすれば、お金中心にものを見ているように思われるかもしれません。しかし、私としては、お金は目的や夢を実現するための「手段」としか考えていません。お金を手段として、様々なタイプの人間が切磋琢磨しながら目的を達成していく、それをサポートする会社という意味でZUUという社名に決めました。会社のミッション「世界に、熱を。人に、可能性を」とビジョン「90億人が平等に学び、競争し、夢に挑戦できる世界の実現」にもZUUの意味を込めています。

松田　お金とユニバーサルな展開の概念を、私のいる法曹の世界に当てはめてみますと、たとえば商法が浮かんできます。元々商法は、大航海時代にお金を集めるために生まれたものです。

冨田　お金と法律は似ているところがありますね。秦の始皇帝が中国を統一したときも、日本の大和朝廷が中央集権国家を建設したときも、法律を制定したうえで国家を治めています。つまり、法とは個人の主観ではなく、一定のルールに則って、平等な社会を作るためのツールだといえます。そして、お金も平等をもたらすツールです。

お金に関連する多くの漢字に「貝」や「巾」が使われているのは、お金がない時代に、貝や布が替わりに使われたことに由来するとされますが、国の統一にあたり、中国でも日本でも「貨幣」が統一されています。それによって平等を実現しようとしたのだと思いますが、一方で、お金というものは頑張った人は多くもらえ、頑張らなかった人はもらえない、すなわち、平等のためのツールが不平等を生む要因にもなる。

このあたりはまた別の話になりますが、経済学的には、情報にも不平等があるといわれてきました。市場において、売り手が専門知識と情報を持ち、買い手がそれらを持たない場合、市場の失敗が生じてしまう。これがいわゆる「情報の非対称性」です。金融においても、これまで金融情報は大手金融機関による寡占が続いており、一般人にはクローズされた状態でした。個人投資家は多くの手数料を払っているにもかかわらず情報が届きにくいために、お金のリテラシーが上がらず、常にお金の不安を抱えてきた。そんな状況を改善するために、私たちは広い範囲でのお金の情報を提供しているのです。

◆金融のショッピングモールのような存在に

松田　ＺＵＵの情報は、動物園のごとくいろいろなものが集まっている「金融のデパート」ということでしょうか。

冨田　金融の様々な情報が集まる背景には、それだけ多様な人材がいることがあります。大手の金融機関関係者や金融専門家は、日々、いろいろなレポートを書いています。しかし、それを発表する場はそれほど多くありません。そこで書き手は私たちのようなサイトに寄稿するのですが、その際、アクセスの多いサイトほど多くレポートが集まることになります。私たちのコンテンツには自身のレポートもありますから、その点ではコンテンツプロデューサ（コンテンツを生産する者）であり、また、外部の記事が集まってくるという点ではコンテンツアグリゲータ（コンテンツを集める者）でもあります。このように、コンテンツが集まってくる仕組みができていることが当社の強みです。

さらに、月間３５０万人分の購読データも集まってきます。このデータが多ければ多いほど、次に出すコンテンツの精度が高くなります。たとえば、米国で最も重要な経済指標の一つである雇用統計に関係する記事がいつ読まれるか、時期によってどんな内容が読まれるかがわかっていれば、雇用統計が発表される第1週目の金曜日の前には予測的な記事を用意し、発表後には直接関わる記事を集め、話題が収束するあたりでは、数字を盛り込んだ考察的な記事を入れる、といった具合に調整できます。あるいは、3月末や9月末などの株主優待の権利が付与される前には株主優待の記事を用意するとか。こうして、読者の読まれる記事＝当たる記事を出せるようになるのです。さらに、読まれる記事が多くなれば、コンテンツが集まり、精度が高まるという好循環につながります。

「金融のデパート」に関しては、将来的には金融のショッピングモールのような存在を目指しています。通常、銀行の商品は銀行で、保険会社の商品は保険会社で買わなければなりません。しかも、同業種でも他社の商品は買えないことが多い。しかし、銀行、保険、証券、信託、不動産などあらゆる金融関連の商品が一つの場所に並んでいれば便利です。特定の金融商品でなければダメ、ということはおそらくないでしょうから、自分にとって有利な、あるいは確実な商品であればどんな金融商品であってもいいわけです。

さらに、車もその範囲に入ります。買うときにはローンで買うのかキャッシュで買うのか、前の車がどれくらいで売れるのかとか悩むでしょう。つまり、500万円のお金があって、キャッシュで車を買うのか、それとも住宅ローンの返済に回すのか、有望な銘柄に投資するのか。金利の関係も踏まえて、こういったお金絡みの行動を総合的にサポートするサービスができればと考えています。

松田　経済の点ではグローバルマネーが当たり前ですが、金融商品ということであれば、国ごとの法律や許認可、行政などで事情が違います。ZUUは世界レベルの企業を目指しておられるようですが、グローバルな「金融のAmazon」展開は可能なのでしょうか。

冨田　証券であれば各国でつながっており、海外企業の株を買うこともできますが、たとえば保険などは、外国の保険商品を日本で日本人が買うことはできません。ですから、私たちのビジネスを海外展開する場合、各国共通でできるものと、国ごとに対応しなければならないものがあります。

当社はすでにシンガポールに進出しており、人口500万人のうちの20万人に見てもらっています。シンガポールでしか買えない金融商品については、現地でメディアを立ち上げてマーケットプレイスを作るようにしています。シンガポールでの利用規模は、現地での上位に来ており、これから横展開していくうえでの自信につながっています。

◆若い世代はお金に対する考え方が合理的

松田　ZUUのユーザーには資産に余裕のある高齢者もいれば、住宅ローンと教育ローンで汲々としている働き盛り世代や、ミレニアル世代といったネット社会の中で生まれ育った世代もいると思います。それぞれの世代で違いはありますか。

冨田　現在の主力は30代から50代前半の方たちですが、その中でも若い世代ほど金融に対する関心が高い傾向があります。60代以上の方たちは、お金というと、何か大きい声で話すものではなく、お金を中心に考えるのは「はしたない」と思う感覚があるようで、何となく敬遠する雰囲気があります。それに対して、若い世代は小さいころから選択肢がたくさんあったせいか、非常に合理的です。使い方に関しても、「都会にいるのなら車なんかいらない」『マイホームなんかいらない」という人が増えているのもその表れでしょう。

ほかにも、若い世代が関心の高い理由としては、バブル崩壊の経験がなく投資に対して素直に向き合えること、あるいは、老後の準備、つまり年金不安に対する資産形成なども挙げられるでしょう。だから、今、30代でワンルームマンション投資なんてことが流行っている。しかも面白いのが、購入者の比率は男女ほぼ半分といいます。女性は総じて男性より長生きしますから、関心が高いのでしょうね。

いずれにせよ、ここ10年ほどで、世代によるパラダイムシフトは確実に起こっているといえます。

松田　たしかに私たちの世代は、持つことに対する幸福感があります。家なら転売するという

「全世界の人が夢にチャレンジできる“南極の氷が溶け落ちるほど熱い世界”を実現したい」

のは少数派で、所有イコール人生の達成感ですね。

しかし、時代に合わせて法律も変えていかなければなりませんから、この度、120年ぶりに民法を改正しました（2020年施行見込）。そこで、どうしても改正できなかったのが所有権の絶対性。私的財産制の中心は、やはり所有権なのです。最近、シェアリング・エコノミーが話題になってきましたが、共有に関する法的手当としては、売るとき、貸すとき、修理するときの規定があるくらいで、共有することについての直接規定はありません。しかし、若い世代ではシェアリング文化がかなり根づいている。法律はまだまだ追いついていけません。

◆IoTにより長期のビジネスチャンスが生まれる

松田　さて、最近の話題ですと、IoTによって利便さと効率性が追求され、時間・労働の削減がもたらされるといわれていますが、御社のような最先端企業ではなく、従来型の中小企業向けに、どう変わっていくのか説明いただけますか。

冨田　IoTによる効果の一面を挙げると、「ライフタイムバリュー」が見直されてくると思います。ライフタイムバリューとは、顧客生涯価値とも訳され、一人の顧客が将来にわたって利益をもたらすとしたときの価値のことをいいます。いわば、新規開拓よりも顧客深耕、一見客より馴染み客を狙えという発想ですね。

たとえば、不動産会社が個人客に住宅を売ったとしましょう。従来であれば、売った段階でビジネスは終了し、また新規顧客に別の住宅を売るという流れになります。これをＩｏＴ社会に当てはめてみると、玄関にも、居間にも、キッチンや洗面所にもＩｏＴがあって、利用の具合や電気使用量などがわかる。何時に家を出て何時に帰ってきたとか、週末にキッチンの電気の使用量が多いからホームパーティのようなものをしているのではないかとか、夜、洗面所のドライヤーの使用量が多いから年頃の娘さんがいるのではないか、などなど。

こういった生活データがわかってくると、これを基に新たなセールスができます。従来は、住宅を買った時点で終わっていたビジネスが、その後長期にわたってチャンスが生まれます。

松田　ＩｏＴと並んで、２０１９年には第5世代移動通信システム、いわゆる「５Ｇ」時代に突入するといわれています。通信のトラフィック量が２０１０年の１０００倍という、大変なスピード化・大容量化ですが、これによって、ビジネスはどう変わると考えますか。

冨田　今、弊社ではあちらこちらでオンラインミーティングが開かれています。かつては、画像や音声にノイズが入ったりしてストレスになったこともありましたが、今では、ほぼノンストレスで会話ができます。すなわち、通信環境が向上するとオンラインコミュニケーションが活発になるでしょう。すると、たとえば私と松田さんのように、ひとたび信頼関係ができてしまえば「今度はオンラインで話し合いましょう」となる。移動の時間が不要になるのです。同様に、営業マンが顧客を訪ねていくなんてことも、減るかもしれません。

医療ではすでに遠隔診断が始まっており、遠隔地でも名医の診断が受けられるようになりました。この先、通信環境が向上すれば、ますます名医の診断が頻繁になる。裏を返せば、そうでない医者の出番が少なくなるのです。優秀な営業マンのケースも然り。こうして優勝劣敗が進む可能性が出てきます。

もう一つの変化としては、２０１７年4月に、マイクロソフトによる英語─日本語の音声リアルタイム翻訳のサービスが始まりました。これは、日本語で話した音声をテキスト化し、そのテキストを英語に翻訳し、英語のテキストを英語で読み上げる、という仕組みになっています。音声認識の精度が非常に高くなっているのです。

通信環境向上によってさらに音声認識精度が高くなると、話したことがリアルでテキスト化される。そうなると、議事録なんて必要なくなります。また、テキスト化されることでデータベースが溜まる。データベースが溜まればＡＩの精度が高くなる。ＡＩの精度が高くなれば、人の仕事が取って代わられる。というように、やはり、私たちの生活スタイルが大きく変わるのです。

◆法律・医療・金融は人の存在を最後まで必要とする分野

松田　冨田さんのような金融関係と私たちの法律家とでは、何か共通する点はあるのでしょうか。

冨田　私は、法律・医療・金融を3大専門分野と考えます。アメリカの成功者は、ドクター、リーガルカウンセラー、FPの3人をつけなさいといわれるようです。これらは、ビジネスをしていくうえで必須であるとともに、一人の人間にはキャッチアップが難しい分野になります。

同時に、この分野には新興勢力や新技術が入りにくかったりします。専門知識が必要ですから。しかし、ひとたびIT化が進行すれば、劇的に変わる可能性があるのではないか、AIによる代替が効きやすいのではないかとも思います。

ただし、AIは人間のすべてを代替することはできないかもしれません。たとえば、生身の人間による「大丈夫ですよ」という言葉。これは論理ではありませんから、AIが自発的に話せるかわかりません。すなわち、法律・医療・金融は人の存在を最後まで必要とする分野であり、存在自体が安心につながるのではないでしょうか。

松田　先日、冨田さんから「お金は不幸を減らすことができる」という話をうかがって、大変

INTERVIEW 1 マネーリテラシー向上を通じてもっとチャレンジできる世界へ

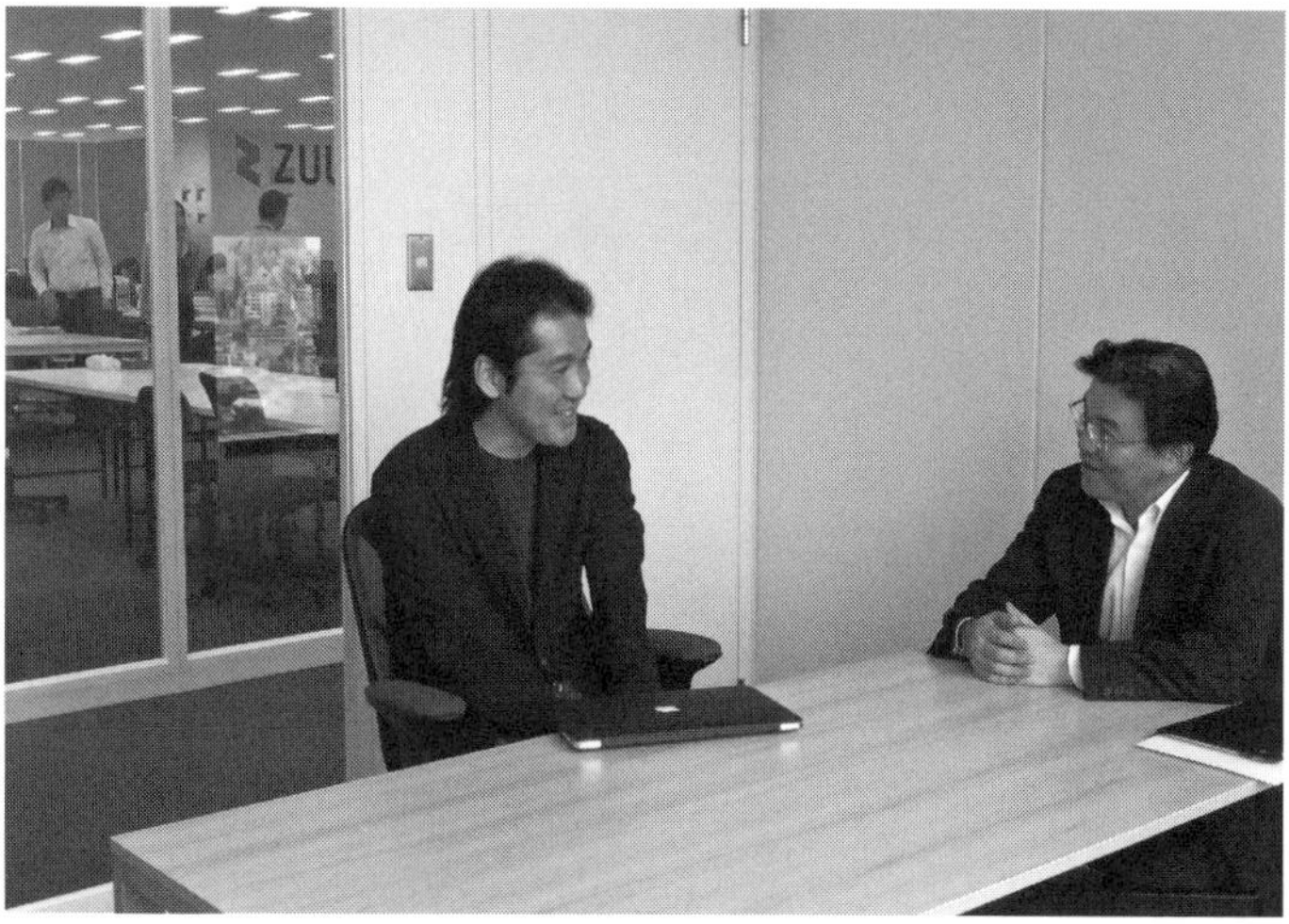

な感銘を受けました。最後に、この言葉を踏まえつつ、今後のＺＵＵの方向性についてお話いただければと思います。

冨田　「お金は不幸を減らす〜」の話は、ある上場企業のオーナーが「お金で幸福は買えないが、いくつかの不幸を減らすことはできる」から来たものです。わが社の最終的な方向性は、全世界の90億人が夢に向かって１００％走ることのできる環境づくりにあります。

夢や目標とお金は密接な関係があり、お金は夢や目標を実現させたり加速させたりすることもあれば、逆に、夢の実現を躊躇させる要素もあります。しかし、お金の制約があるから夢に向かって走れないという人の多くは、実は、お金に対して漠然とした不安を持っているだけで、お金の計算ができていないのではないでしょうか。だとしたら、私たちが「２〜３年はこんなキャッシュフローになります」という計算を示してやることで、その人は、お金をコントロールするスタートラインに立てるようになり、また、金融リテラシーを高めることで、夢の実現を加速することができるようになるのです。

近々の会社の目標でいえば、月間３５０万人のユーザーを５００万人、１０００万人に増やし、海外拠点もシンガポールから横展開で増やしていきたい。そして、最終的に全世界90億人が夢にチャレンジできる「南極の氷が溶け落ちるほど熱い世界」を実現したいと思います。

第6章

AIはあらゆる産業を劇的に変える

――小売店ではレジ担当とバーコードが不要になる

ＡＩの現状やディープラーニング、シンギュラリティの可能性、そしてＡＩ社会における人間の仕事については、第4章で見てきた。本章では、ＡＩとロボットに関する新しいアイデアや応用例を紹介していこう。

第2章で触れたように、アマゾン・ゴーは米アマゾン・ドットコム社が展開する、無人＝レジのない実店舗である。画像認識技術と人工知能の技術を組み合わせ、買い物をして精算する際にレジを通らなくてすむ便利な買い物システムで話題になっている。

事前に専用のアプリをインストールして登録しておく。店舗に入る時は、駅の改札でスイカをタッチするようにスマートフォンをかざして本人認証を行う。店内のカメラが利用者の顔を認識する。普通のスーパーのように買い物カゴを手に取る必要もなく、棚から自分のバッグに欲しい商品をどんどん入れて、途中で気が変わったら棚に戻す。このとき、客が棚から商品を取ると、商品がオンライン・アカウントのショッピングカートに入り、商品を棚に戻せばカートから削除されるという仕組みだ。さらに、利用者の行動を監視・分析し、どの商品を最終的に手に入れたかを判定する。棚から取られた商品は、商品名・価格・数量の情報を利用者のスマートフォンにＷｉＦｉで送りながら、スマートフォンごとの仮想ショッピング・バスケットを、本部のクラウドの中に自動的に生成する。

従来型のレジはなく、改札口のようなレーンを通ると買い物が完了し、利用者はスマートフォンで間違いがないかどうかチェックできる。店員は、商品を補充する係、使い方のわからない人に説明する係、アルコール売り場でＩＤをチェックする係がいる程度だ。スーパーやコンビニの売上費の約３％を占めるといわれ、対応も面倒なレジ打ち係が不要になり、利用者にとってもレジ待ち時間のフラストレーションがない。こんな店なら万引きが簡単にできそうに思えるが、万引きはほぼ不可能だそうだ。

小売店において、ＡＩ導入により削減されるコストは、レジ担当のほかにも数％あると報告されている。ディープラーニング型の人工知能による商品の自動識別機能を利用すれば、生鮮食料品の在庫管理（商品補充）や鮮度管理もできるし、食料品だけでなく書店やドラッグストアなども同じシステムが利用できる。パン、惣菜、野菜、鮮魚など個々にバーコードの付け難い不定形な商品の形と色を自動認識し、その明細と金額を瞬間的に算出するバーコード・スキャンが不要なシステムも既に活用されている。

ＡＩが購買履歴から売れ筋商品を発注管理して、ロボットが商品の補充や陳列棚への配置をするというシステムも開発途上にある。

――工場ではピッキングから製造、検査までロボットがこなす

〈ロボット倉庫――物流無人化〉

ニトリの通販製品を扱う物流会社ホームロジスティックスでは、2016年2月より、川崎市の同社物流拠点にロボットストレージシステム「オートストア」(AutoStore)を稼働させた。オートストアは、ノルウェー・ハッテランド社の開発した〝ロボット倉庫〟とも呼べるシステムで、各商品のコンテナを積み上げた最上部を60のロボットが自走し、約1万種類の商品から目的の商品をピックアップして、出庫口にいる作業員の手元に届ける。コンテナ積み上げのため、他のピッキングシステムと比べて通路が不要で、いっそうの省力化、省スペース化を実現している。

同社のこれまでの倉庫業務では、人間が棚の間を歩き回って注文の商品を取り出していて、1日3万歩以上歩くこともあった。オートストア導入後は足を止めて仕分けができるようになり、作業員数は40%程度減少した。また、人の作業員が棚から取り出せる商品数が1時間あた

り約20個だったところ、５倍の約１００個となった。ロボットであれば、人のスキルの差や慣れの問題もない。作業負荷は軽減され、１人当たりの作業効率は上がった。

オートストアの場合、コンテナの内寸が扱える商品の大きさの制限となっているが、棚を持ち上げて作業員のいる場所まで自動搬送するロボット（シンガポール・グレイオレンジ社）もある。制御技術に優れた産業用のアームロボットの柔軟な動きを物流に活用し、物をつかんだり、取り出したりする作業への応用も始まった。物流業界も無人化への流れだ。

〈ロボット工場──製造省力化〉

医療用漢方薬の最大手ツムラの茨城工場は、漢方薬では世界一の生産規模であると同時に、薬学・製剤学・情報工学など最先端の技術を統合した「インテリジェント・ファクトリー」を誇る。原料搬送や生薬エキスの取扱いなど人手の負担が大きい工程は専用ロボットが代行している。茨城工場は少品種大量生産に特化しているが、多品種少量生産の静岡工場でもロボット活用を広げて、加工費を下げている。

〈食品工場──画像解析による原料検査装置〉

食品原料は固形ごとのばらつきが大きいため、良品・不良品の検査や仕分けでは人に頼らざるを得ない部分が多い。

そこで、食品会社のキユーピーでは人工知能によるディープラーニングを活用して、異物混入や不良品を画像解析で自動的に判断するシステムを開発した。ベビーフードの原料のダイスポテト（ダイス状に細かくカットしたじゃがいも）にあえて不良品を混ぜて検査したところ、ほぼ正確に不良品を検出したという。システムは汎用性もあり別の穀物や鶏卵への利用も検討しているようだ。

——港湾作業、都市開発調査にＡＩを利用する

〈港湾の作業効率化と待機時間解消〉

国土交通省は、２０１７年6月、コンテナ貨物を扱う港湾の運営にＡＩを活用する「ＡＩコンテナターミナル」の構想を公表した。輸送情報、道路・港湾の混雑具合、船舶の到着時間などの情報を集約して分析し、ＡＩが貨物の置き場所や配置の順番を指示したり出荷のタイミングを知らせたりする。ＡＩとＩｏＴによってコンテナを積み重ねる順番や荷物を運び込む時間を決め、港湾側から荷役・物流企業などに自動的に指示が出るようにする。

これにより、積み下ろし作業の効率化とともに、出入港する船舶やゲートでのトラックの待機時間の解消が期待されている。２０１８年度予算で必要経費を確保し、ＩＴ企業や海運会社などとの実証実験を進め、まず、主要港湾のある京浜（東京港・川崎港・横浜港）、阪神（大阪港・神戸港）の両地区で実用化する。

〔都市開発の状況調査〕

国立研究開発法人・産業技術総合研究所は、人工衛星で撮影した地上の画像をＡＩで解析し、都市開発の進捗を調べる技術を開発した。建設需要の評価はもちろん、違法建築や開発の監視にも有効だ。また、赤外線画像も分析できるため、工場の熱源から稼働状況を把握できるほか、森林火災の発見や野焼きの監視にも利用できる。

膨大な画像データから、人間が目で見て情報を見つけるのは難しい。しかし、ディープラーニングでは、小さな地形の変化などを自動的に見つけることができる。これを利用して、工場、住宅、道路などの開発が始まった時期や工事の進捗状況がわかる。日本列島の画像を解析したところ、大規模な太陽光発電施設の90％を検出できたという。同様の手法は海外でも応用でき、現地調査に頼ることなく世界各地の状況を把握できる。

――ＡＩがネット上の過激思想とウイルスを洗い出す

〈SNS上のテロ対策〉

フェイスブックでは、同社の交流サイト上でのテロ対策を強化する。テロリストやその支持者が投稿する動画や画像などをＡＩで識別することにより、過激思想の拡散を防ぐ。最新の画像認識技術を使い、データベースに登録されたテロ関連の動画・画像と合致する内容の投稿やシェアはできなくする。

テロを支持したり助長したりする書き込みを理解するＡＩの試験運用も開始された。テロリストや支持者が偽名を使って新たにアカウントを開設した場合には、投稿内容や交友関係から早期に発見できる技術も導入されている。

フェイスブック、ツイッター、ユーチューブなどが過激思想を拡散する温床になっているとの批判や規制強化を求める声はあった。ユーチューブではテロ対策の専門家やコンテンツの監視要員を増やし、具体的な対策を講じている。

〈ウイルス検出〉

２０１７年５月、身代金要求型ウイルスのワナクライが世界中で被害を及ぼしたことは記憶に新しいが、完全に新種のウイルスは現実にはほとんど存在せず、多くは既存ウイルスの基本ソフトを組み合わせた亜種とのこと。その中味の差異は通常１％で、高度なものでも５～10％に過ぎないという。

しかし、既存ソフトではこの差異をうまく検知できないために、十分な被害の予防ができない。ところが、ＡＩのディープラーニング手法を使えば、マルウェア（不正かつ有害な悪意のあるソフトウェアやコード）を検出でき、侵入防御や検知率向上が期待できる。

ＡＩで開発されたウイルスはまだ確認されていないとのことだが、出てくるのは時間の問題らしい。ＡＩで開発されたウイルスをＡＩが迎え撃つという攻防も現実のものとなる。

――がん発見から新薬探索まで、ＡＩを導入しやすい医療分野

ＡＩは膨大なデータを取り入れることで学習していく。その点、大量のデータが整備されている医療分野はＡＩの導入を進めやすい。画像診断、遺伝子解析、新薬開発などの分野でＡＩ

の活用が期待されている。

遺伝子の解析が進めば人間の体の仕組みが解き明かされる。アンチエイジングの研究では、サーチュイン遺伝子（長寿遺伝子）を活性化するＮＭＮ（ニコチンアミド・モノヌクレオチド）という抗老化作用のある物質が若返り薬として注目されている。ＮＭＮをマウスに投与したところ、寿命が伸びたり細胞が若返ったりしたという。

細胞が若返るため糖尿病のような成人病にも効果があるといわれ、遺伝子解析や臓器再生医学が病気治療目的だけではなく、人間の延命にも結び付くことになる。もし、不老不死が夢ではなくなると、人間の存在理由、尊厳、哲学の領域の問題に踏み込む。

〈がん・動脈瘤の早期発見〉

がんは早期発見が重要だが、画像診断の専門医は不足している。国立がん研究センター、産業技術総合研究所人工知能研究センター、それとディープラーニングの研究と開発を手掛けるベンチャー企業の三者により、２０１６年より統合的ながん医療システムの開発プロジェクトが始まった。正常な組織や細胞の画像データをＡＩに学習させ、ＡＩは検査画像全体を解析し、正常でないと判定した部分を異常とみなしてがんを検出する。

乳がんを見つける実験では、超音波検査で撮影した正常な乳腺組織を事前に学習させた後に患者の超音波画像をＡＩで解析し、がんと疑われる病変部分の85％以上を自動検出した。
くも膜下出血の原因となる脳の血管にできる動脈瘤を発見するソフトウェアの開発も進んでいる。このソフトは血管を三次元で表示し、動脈瘤ができている可能性の高い部分を示すもので、すでに90％以上の精度がある。医療機器の認証を得て臨床試験を進めていき、数年内の販売を目指している。

〈予防医療システム〉

経済産業省は、国立研究開発法人・日本医療研究開発機構の協力を得て、ＡＩによる予防医療システムを実用化する。高血圧、糖尿病、脂質異常症などの生活習慣病の患者や予備軍の運動習慣、血圧、食事の嗜好などをビッグデータとして集め、個人情報がわからないように加工したうえで、どんな人がどんな病気にかかりやすいかを分析する。
このシステムを導入した企業の従業員が要経過観察の注意を受けた場合に、スマートフォンなどを通じて生活習慣を入力すると、ＡＩが生活上の助言をメールにしてこまめに送ってくる。検診コストの削減だけでなく、ＡＩによる自動分析のため、データ見落としリスクの軽減も期待されている。

〈新薬の候補物質探索〉

創薬の開発はハイリスクハイリターンで、新薬の候補物質が見つかっても、製品化できる確率は2万〜3万分の1といわれる。

スーパーコンピュータの高速化、AIの進化、創薬の基礎となるビッグデータの充実により計算でわかることが増えてきた。動物や細胞の実験前に計算で有望な物質を特定することにより、製品化できる確率が上がり、開発コストや期間も改善できる。

原因不明の病気については、患者の遺伝子やたんぱく質の相互作用のパターンを調べて、AIがその状況に似た病気を探す。すでに似た病気の薬があれば、既存薬から効果ある薬を探し出す。

このように、既存薬を別の病気の治療薬として利用することを、ドラッグリポジショニングという。ドラッグリポジショニングに使われる医薬品は、ヒトでの安全性試験と体内動態（吸収性など）が確認されており、試験のいくつかを省略できる薬剤製造方法も確立している。開発期間を短縮し、研究開発コストも低減できるため、高騰する医薬品の価格抑制の意味でも期待されている。

一方、多機能な薬効を示す医薬品は、目的とする効能以外ではむしろ副作用を示す、といった課題を指摘する意見もある。

――ＡＩは農業を「脳業」に変える

国連が２０１７年6月に発表した「世界人口予測」によると、２０１７年時点での世界人口76億人が、２０３０年には86億人となり、２０５０年には96億人となる。これを受けて国連食糧農業機関（ＦＡＯ）は、食糧・飼料・バイオ燃料の生産を２０１２年と比べて50％増やさなければならないと発表した。もっとも、食糧の増産については、地球温暖化による気候変動や災害の深刻化、農作物の生産に必要な土地の確保の難しさなどから、悲観的な見方が多いようだ。

食糧危機を回避するための取組みには、様々な企業が挑戦している。グーグルは農業技術のスタートアップ企業を支援する集団「ファーム２０５０」を２０１４年に立ち上げた。グーグルのほか、仏化学メーカーのデュポンや米農業機械メーカーのアグコなどが参加している。

農産物の生産では、窒素・リン酸・カリを三要素とする化学肥料が欠かせない。このうち、窒素に関して、１９０６年にドイツで「ハーバー・ボッシュ法」（大気中の窒素からアンモニアを合成する技術）が開発され、窒素肥料製造の常套手段となった。この技術開発により、欧州や米国大陸の農作物生産量は急速に伸び、20世紀に増加した人口をカバーできるだけの生産量を確保することができた。そして、現在ではＡＩやＩＣＴ（情報伝達技術：ＩＴ＝情報技術を活用面で見た呼び方）が農業を「脳業」（ブレインビジネス）に変えつつある。

〈稲作管理生産システム〉

新潟市の水田耕作地（国家戦略特区）では、ＮＴＴグループが中心となって２０１５年５月より進めてきた実証プロジェクト「クラウド型水田管理システム」を導入した。このシステムは、水田センサーと連動しており、水田の状況をリアルタイムで自動監視し、日々の管理を効率化できる。様々な情報がスマートフォンで確認でき、省力化、コスト削減、収穫量増加、品質向上などに役立てることも可能だ。

たとえば、稲作においては水の管理が非常に重要で、農家は毎日の水の見回りが必須となる。このシステムでは広域におよぶ水位・水温の情報がスマートフォンで遠隔確認でき、水管理の労力を大幅に削減。より省力化された営農が可能となり人手不足解消にも貢献している。

また、稲作は個人的な勘や経験に依存する部分が多かったが、稲の生育状態に応じた適正な水温や水位などをデータとして蓄積することで、経験の浅い生産者でも高品質な稲作が可能となる。

クラウド型水田管理システムのほかにも、栽培環境のモニタリング（見える化）により、農場などで発生する異常を警報メールで通知したり、栽培記録のデータの蓄積・管理といったサポートサービスも実施されている。

無線センサーとそのネットワークを中心に農業をサポートするのが農業ベンチャー企業のベジタリアだ。農業用のセンサーは従来約５万円だったが、これを1万円程度に引き下げ、設備投資が負担になっている中小規模の農家に普及させたいと考えている。

〈野菜栽培の収穫量アップ〉

石川県小松市では、トマト栽培のハウス内に取り付けた環境・照度センサーで、温度、湿度、二酸化炭素濃度、日射量などのデータをリアルタイムで把握できるようにした。その結果、平均収穫量が10～15％アップ、生産者の労働時間も大幅に減らすことができた。

この導入をサポートしたのは、１９１７年小松市創業で建設機械のＩｏＴを推進する小松製作所。さらに季節外栽培に取り組んでおり、冷暖房コストの低減は、地下水や木質バイオマス燃料といった低コストな自然エネルギーを利用している。

〈野菜栽培ノウハウのパッケージ販売〉

広島県の村上農園は、豆苗やスプラウトなど発芽野菜の生産で国内シェアトップを誇る。売上高は88億円（2017年）、従業員430名、1978年創業の株式会社で、首都圏や沖縄など各地に事業拠点を置き、米オレゴン州に種子生産・供給会社ＩＳＳＩを設立した。

村上農園では、最新鋭の野菜工場の建設や海外の野菜生産会社との相互ライセンス契約に基づく高級付け合せ野菜の国内生産だけでなく、ＡＩを活用し、高級野菜の栽培に必要な環境、天候、作業などのデータを分析したうえ、個別指導などを合わせた支援パッケージとして海外に販売する予定だ。

——縮小し続ける漁業、畜産業を効率化で支援する

〈水産情報をロボットが収集〉

農林水産省によると、2016年の全国の漁業就業者数は16万人。1983年には44万人を数えたが、1993年32万人、2003年23万人と急速に減りつつある。加えて、1983年では20％未満だった60歳以上の就業者が2016年には49％となっている。高齢化による廃業、漁獲量減少、海上作業日数の減少など、日本の漁業を取り巻く環境はますます厳しく、漁業現場の省力化と効率化は喫緊の課題となっている。

そんな中で注目されるのがＩＴ技術やロボットだ。漁業ＩＴ化の先駆けとしては、１９８５年、世界で初めてマイコンを搭載したイカ釣り機、通称「イカ釣りロボット」が日本で誕生した。国立研究開発法人水産研究・教育機構（２０１６年３月までは水産総合研究センター）は２００７年、東京大学、九州工業大学らと協同し、自律型海中ロボット「ツナサンド」を開発した。同機は１５００ｍの耐深性があり、自動航行または遠隔操作により海底の様子をビデオで送信する。２０１３年には、オホーツク海の北見大和堆《きたみやまとたい》で、減少する高級魚キチジ（キンキ）の資源量を評価するための海底写真撮影に成功した。

また、水産研究・教育機構では、２００７年より自走式の探査ロボット「水中グライダー」を導入している。最大約1年間、６０００㎞を移動できる探査自走式ロボットで、水温、塩分濃度、プランクトンの数などを測定し、水産業や水産研究に活用している。

水産庁では高度な技術開発を進め、漁業自動化を押し進めているが、魚群量だけでなく、種類や体長まで把握できる次世代型の魚群探知機を開発している。「すごい魚探」という通称がつくほどで、イルカの持つ優れた超音波探知（ソナー）能力にヒントを得て開発された技術を活用し、従来のソナーでは困難な海底や河川での魚群探査も可能という。

ほか、漁業現場のロボット化としては、まき網船の補助艇を無人化する「ロボット補助艇」、船底や網を清掃する「洗浄ロボット」などがある。

〈ITを利用した鮮魚・野菜の直接取引〉

昨今、卸売市場を経由しない農水産物の取引が増えている。大手スーパーの始めた市場外調達は、中堅中小企業にも普及してきた。

水産流通プラットフォームの再構築を目指すフーディソンでは、ITを利用して水揚げ情報をデータベース化し、産地のバイヤーと市場の仕入担当者が価格などの条件を照らし合わせて仕入先を決定している。これにより、多数の魚種を安く高品質で調達できるという。築地などの市場からも仕入し、うまく使い分けている。同社では鮮魚の外食店向け電子商取引サイトも運営しており、2000種類以上の魚介類を取り扱い、7500店の飲食店に利用されている。

野菜の場合、市場取引では規格外となる商品も直接取引であれば売れる。和歌山県に本社をおく農業ITベンチャー企業の農業総合研究所では、産直野菜の直売所を、全国570店舗に及ぶ提携先のスーパーで運営する事業を展開している。同社は2007年に設立され、翌年には「紀の川集荷場」を開設、その後、地域名を冠した「○○集荷場」を関東地区にまで積極的に展開し、登録生産者数5200名、集荷場50カ所以上に成長した。生産者である農家自身が販売する店舗や価格を決められるシステムで、農協や卸売業者を経由しないため手取り収入は倍以上になるという。直販の場合、需要動向の変化に応じて海外にも販路を開拓できる。

ところで、果物ではイチゴ、りんご、メロン、柿を「日本産四大高級フルーツ」と呼ぶらしい。

色や形も優れているため、海外では贈答用や高級レストランでの需要も大きい。一方、価格は日本の２～４倍、もしくはそれ以上で販売されることもあるという。グローバル、付加価値の点で可能性を見いだせる。

〈肉牛の分娩監視と乳牛の搾乳量アップ〉

牛の飼養は乳用牛と肉用牛に分かれ、日本の飼養頭数は乳用牛１３２万頭に対し肉用牛２５０万頭、飼養戸数は１万６０００戸対５万戸（平成28年畜産統計）である。

大分県別府市の情報通信サービス企業、リモートは２０１３年、分娩・発情監視通報システム「モバイル牛温恵」を開発した。肉用牛の畜産では母牛を受胎させて仔牛を産ませ、仔牛を丁寧に育てて出荷するのが主な仕事。しかし、いつ始まるかわからない分娩には24時間の監視体制が必要で、そのうえ、年間３万頭、率で５％の仔牛が分娩時のトラブルで命を落とすという。

モバイル牛温恵は、母牛に取り付けた温度センサーの情報を、業務提携先であるＮＴＴドコモの基地局に送り、サーバなどを通して農家の端末に送る。これによって、発情や破水、分娩のタイミングがわかり、農家は過酷な労働環境から解放される。

乳用牛に対しては、ＮＴＴドコモが帯広市のＩＴベンチャー、ファームノートと提携して乳用牛向けのサービスを開始した。牛の首にセンサーを付けて牛の体温、位置、１日の運動量や反芻の時間などのデータを収集する。乳用牛は発情期になると活動量が増え、搾乳量が増える。放し飼いの場合なら90％以上の精度で検知できるそうで、群れに入れずに孤立している雌牛は乳の出が悪く、センサーを使った牛の移動データ分析により、その傾向が明らかとなる。

さらにＮＴＴドコモは、２０１７年よりＩｏＴを養豚に応用する実験を始めた。センサーが豚の食べた量を計測し、体調管理につなげる。生育にかかるコストが２～３割抑えられると期待されている。

――未知の市場が期待できるサービス関連

〈携帯型自動翻訳機〉

マイクロソフトの提供するインターネット電話サービス「スカイプ」(Skype)は、２０１７年4月より日本語のリアルタイム会話翻訳を始めた。日本語は10カ国めで、これまでに英語、スペイン語、フランス語、ドイツ語、中国語、イタリア語、ポルトガル語、アラビア語、ロシア語のサービスがある。ディープラーニングを採用した新しい翻訳アルゴリズムを開発し、適用したもの。話した後に翻訳されるまで1、2秒のタイムラグはあるものの、丁寧に話せば精度はかなり高いという。

米国のスタートアップ企業、ウェイバリーラブズ社（Waverly Labs）は２０１６年、世界初のイヤホン型翻訳デバイス「パイロット」（Pilot）を開発、販売した。２個１組で自分と相手の耳にそれぞれ装着し、会話の内容はスマートフォンのアプリケーションを介して通訳され、互いの耳に翻訳された言葉が聴こえる仕組み。新規商品のためか、ユーザー評価には厳しいものも多い。ちなみに開発資金はクラウドファンディングで集められた。

耳に装着する超小型コンピュータ「ヒアラブル端末」は他社でも開発されており、英国の調査会社によると、ヘッドホンや補聴器も含めたヒアラブル端末の世界の市場規模は、２０２０年には約４・８兆円（２０１６年の４倍）との予測もある。

〈音声認識インターフェース「スマートスピーカー」〉

スマートフォンに続く新たなプラットフォームとして期待されているのが、スマートスピーカー（またはＡＩスピーカー）だ。アマゾン・ドットコムが２０１４年11月に「アマゾン・エコー」を特定の会員に発売したのを皮切りに、グーグル（商品名：Google Home）、アップル（HomePod）、ＬＩＮＥ（Clova WAVE）、マイクロソフト（Invoke）といったＩＴ企業が続々参戦してきた。

スマートスピーカーは、生活空間に設置できる音声認識インターフェース。音楽の再生、ニュースの読み上げ、検索結果の読み上げ、天気予報、デリバリーサービスの発注、家電のスイッチオン／オフなどを、話しかけによる音声のやり取りでできる。なお、ＡＩを活用した音声対話型のソフトウェア（またはソフトウェアエージェント）をＡＩアシスタントといい、現在まででは、ｉＰｈｏｎｅ搭載でHomePodにも使われているＳｉｒｉが最も普及している。

スマートスピーカーは、２０１７年末時点で少なくともスマートフォンのようなブレークはしておらず、各社製品にも一長一短があるようだ。本格的な普及への条件としては、生活環境状況の感知およびネット接続との親和性が課題になると思う。たとえば、玄関の鍵のかけ忘れや窓の閉め忘れ、家電、照明、調理器具のスイッチのつけっ放し、設定された範囲を超えた温度・湿度などについて、ユーザーだけでなく、第三者への警告や通報ができれば、単なる便利で面白い機器から生活必需品になる可能性もあるだろう。

〈旅行ニーズの把握と需要拡大〉

オンライン旅行会社世界最大手の米エクスペディアは２０１７年、研究施設である「イノベーション・ラボ」をシンガポールに開設した。ＡＩを活用して旅行者の行動心理を探ろうとする試みだ。被験者が自分の顔に多くのセンサーを付けてサイトを見ると、次々に質問が投げかけられる。たとえば、特定の名所旧跡を見せて、どう感じたかという質問をした場合やホテルの朝食の有無などを表示した場合に、閲覧内容と質問に対する被験者の顔の筋肉の動き、視線、しわなどがモニターに詳細に映し出され、被験者がどう反応したのか理解できる仕組み。旅行客の増加が予想されるアジアでのビジネス拡大を狙ったもので、アジア人の求めるもの、有効な表示を分析してサイトや宣伝広告に反映するという。

旅行業界ではＡＩを利用したスマートフォンとの対話を通じて、フライト時間の問い合わせやホテル予約ができるようにしたり、旅行者の過去の行動パターンから旅行者の好みそうな商品を提案するといったサービスのほか、旅行者の位置情報を把握したうえで旅先でのオプショナルツアーを勧めるサービスもある。

〈産業機器のリモート監視〉

リコーでは、オフィス複写機へのリモート管理サービスを通じて、故障発生時の自動通報や修理の迅速な手配、消耗品のタイムリーな供給などを行い、顧客満足の向上に努めてきた。今後、ＩｏＴを機器に導入し、リコーのコールセンターから顧客の機器の操作パネルを閲覧・遠隔操作することにより顧客の操作を支援するサービスを始める。プリント枚数の確認は複写機と接続するパソコンを通じてリコーに通知され、故障予兆診断の精度（故障前の部品交換推奨）

も高めることができる。

リコーは、これまでに蓄積されたノウハウを生かし、産業機器を製造しているメーカー向けには、検査機器や加工装置などの産業機器を遠隔監視できるリモート環境を構築するサービスを販売する。機器の稼働状況を監視することで、コールセンターやオンサイトによるスピーディで的確なメインテナンスを支援するという。

INTERVIEW 2

AIは神の領域にあらず うまく使いこなすことが大切

大阪大学産業科学研究所教授
鷲尾　隆

◆データが十分でなければ、いい答えは出ない

松田　鷲尾先生の研究分野と研究テーマをお聞かせください。

鷲尾　最近話題の人工知能の中の「機械学習」が研究分野です。その中でも、機械学習とセンサー（計測装置）の融合に力を入れています。従来のセンサーの限界を超える精度や、センサーだけでは計測できない対象を、機械学習の情報処理と融合させることで計測を可能にするという研究です。

機械学習とは、文字通り、人間が学習するのと同じように機械が学習するという意味です。機械、すなわち計算機がいろいろなデータ間の関係を数式（関数）に写し取り、その数式を使って、別のデータを与えたときに、何が起きるかを予測したり、あるいは、データの背景に隠された性質を調べたりすることを機械学習といいます。

松田　われわれにとって人工知能というと、人間の脳と同じようなものが機械の中にあって、それが知識を得て思考を増殖させるようなイメージですが、機械学習というと、機械が数式をコピーして、別の場所でペーストするだけなのか、あるいは「アルファ碁」のように推論までするのか、どちらでしょう。

鷲尾　コンピュータ囲碁プログラムである「アルファ碁」は、機械学習に推論の技術を組み合わせたものです。機械学習は一般には推論までは含みません。人工知能の研究領域は、機械学習、推論、エージェントに大別されます。エージェントとは自律的に判断して行動するアルゴリズムのことで、体を持たないロボットのようなものです。

松田　最近話題になった怪獣映画のエンディングでは、世界各国のスーパーコンピュータをつないで、怪獣を倒す方法を見出すという話がありましたが、コンピュータを数多く集めれば、

鷲尾　隆

Takashi WASHIO

大阪大学産業科学研究所教授（博士・工学）。国立研究法人産業技術総合研究所人工知能研究センター NEC −産総研人工知能連携研究室連携研究室長。1988 年東北大学大学院工学研究科原子核工学専攻博士課程後期修了。日本学術振興会特別研究員、マサチューセッツ工科大学原子炉研究所客員研究員、(株) 三菱総合研究所先端科学研究所研究員を務め現在に至る。IBM Faculty Award、人工知能学会論文賞、日本化学会情報科学部会 JCAC 論文賞など受賞。

機械学習ができるのでしょうか。

鷲尾　コンピュータがたくさんあっても、データが十分でなければ、いい答えは出てきません。しかも、質のいいデータ、つまり、解析の役に立つ必要十分なデータをどれだけ集めてくるかが重要で、これを「情報資源」と呼んでいます。いくら頭のいい人間でも、質のいい教育を受けていないと能力を十分に発揮できないのと同じです。

松田　具体的にはどのような研究開発をされているのでしょうか。

鷲尾　機械学習とセンサーの融合の例としては、数10~100ナノメートル（1ナノ＝1㎜の100万分の1）という孔を、原子やウイルスが通過するときの電流パルスを計測するセンサーがあって、このときの波形パターンを機械学習アルゴリズムで学習し、様々な原子やウイルスの正体を推定する、ということをやっています。これは、内閣府による国家プロジェクトである革新的研究開発推進プログラム「ImPACT」の中の一つ、「進化を超える極微量物質の超迅速多項目センシングシステム」というプロジェクトの一環です。

また、分子の直径ほどの隙間の電極間に遺伝子を通過させ、電流の変化による波形パターンを解析することで、遺伝子の配列を読み取る研究もしています。これが実用化されると、従来より低コストで高速のシーケンサー（ゲノム配列解読装置）が生まれるかもしれません。

◆手書きでもいいから、とにかく記録を残すこと

松田 より身近な活用例ではどうでしょうか。

鷲尾 病院とも共同研究をしています。今、電子カルテなどによって健康に関する数多くのデータが集まるようになってきました。このようなデータを匿名化して解析することで、特定の疾患にかかりやすい血糖値や尿酸値などの検査数値を見極めることができます。また、産業機械の異常検知技術や産業ロボットの制御技術、電力自由化による新規参入電力会社の太陽光発電量の推定なども手掛けています。

松田 これまでの事例だと、大手企業とか大規模組織のケースが多いようですが、これは費用がかかるからでしょうか。

鷲尾 費用というよりデータ量の問題です。中小組織の規模だと、どうしてもデータ量が少ない。そうなると、機械学習が難しくなるのです。いまや、ビッグデータを扱う企業が増えてきましたが、中小企業でも今後のＡＩ化を進めていくうえで、いろいろなことをデータ化し蓄積する仕組みを作っている企業と、そうでない企業とで、差が出てくるでしょう。

また、データ化の手法も変わってくるかもしれません。これまでは、いろんな項目を考えて、

それらをテキストや数値として一つひとつ入力していく、というやり方が主流でした。しかし、それには多くの人手がかかりますし、コストもかかる、面倒臭い……ということで、積極的にデータ化を進めていない企業もあると思います。

そんな場合は、アナログデータの活用から始めてみるのです。手書きの日誌をつけ、それをOCRで読み取ればテキスト化できます。さらに、そこから単語を抽出し、項目を推定してデータ化する、などが普通にできます。

逆にキチンとしたデータ化の手順を作ると、項目が固定され、それ以外の広がりが難しくなる可能性もあります。どの情報が将来どう役立つかはわかりません。ですから、手書きや自然文でかまわないので、気づいたことを毎日記録に残すクセをつけることが大切です。あるいは、音声や写真からでも情報を抜き出せますから、とにかく記録を残すことを心がけましょう。

◆人間が100%認識できる区別がAIにはできないことも

松田 まさに、毎日の記録は宝の山というわけですね。ここまで、人工知能というか機械学習による夢のような将来像をお話いただきましたが、逆に、リスクの点ではどうでしょうか。

鷲尾 リスクという点では、一般の先端技術と同様の危険性を孕みます。たとえば、スマートフォンは大変便利ですが、使い方を誤るとＳＮＳで非難されたり、フリーＷｉＦｉの下でデータが盗まれたりしてしまいます。人工知能も使い方を誤ると、人を傷つけたり、死に追いやったりするかもしれません。端的な例が軍事利用です。自律プログラムにより標的まで飛行していき、顔を識別して攻撃するということは、今の技術でも可能です。

人間が意図して作り出す攻撃性だけではありません。先日、中国企業の人工知能が政府を批判して、サービスが一時停止したなんてこともありました。

機械学習を使った人工知能がややこしいのは、データを与えた人やプログラミングをした人が、機械が学習した後に、どんなリアクションをするのか正確に予測できないところにあります。人間は与えるデータのすべてを把握しているわけではないので、機械がとんでもないことを学習している可能性があります。こうして、意図せずして社会問題になったり名誉毀損につながったりすることはあり得るでしょう。

何事にも人間の能力を超えているかのようにいわれる人工知能ですが、実は、人間が見たら１００％違うと判別できる２枚の絵を、人間にとってのだまし絵であるかのように同一と見なすこともあります。自動車の自動運転で、人間なら間違いなく避けられたであろう事故が、人工知能による自動運転で引き起こされるかもしれません。飲酒運転やウッカリミスはありませんから、事故率はかなり減りますが、ゼロにはなりません。予測不能な部分が残るのです。

ほかにも、アメリカの刑務所は常に飽和状態なので、人工知能を使って刑期終了後の再犯率を予測し、仮釈放の判断基準にしているという話が、先日テレビで放送されていました。しかし、数字はゼロに近いにしても、ある一定の確率で間違うとしたら、間違って判断された人の人権はどうなるのか。

松田　これからは、むしろ、こういったドロ臭いリスクがどんどん出てくると思います。

松田　人間の判断には間違いがあるわけですから、間違った場合には、たとえば「碁で負けた」という意識を持ったり、あるいはペナルティなどが課されたりして、何となく区切りがつけられるようなことがありますが、機械に判断を委ねてその判断が間違った場合は、どこに責任があるのか、どこに気持ちをもっていくのか、難しい問題ですね。私たち法律家としては、人工知能のリスクに注目していく必要があります。

◆AIが意志を持つ可能性はゼロ

松田　もっとSF的なリスク、つまり、コンピュータ自らが知能とか意志を持って人間を支配するようなことはあるのですか。

鷲尾　われわれ基礎研究者のレベルでは、人工知能に意志を持たせることに関して、何の手掛かりも得られていません。将来、どんなブレークスルーがあるかわかりませんが、現状では、人工知能が意志を持つ可能性はゼロです。

専門的になりますが、内と外、閉じた世界と開いた世界という概念で説明しましょう。

人工知能は、自身が経験した局面や、経験した事例と似たような局面に遭遇したときに、学習済みの事例を参考に、合成して答えを出すのです。これを「内挿」または「補間」と言います（内挿：ある既知の数値データ列を基にして、そのデータ列の各区間の範囲内を埋める数値を求めること、またはそのような関数を与えること）。

これに対して、与えられたデータの外側にある数値を求めることを「外挿」または「補外」と言いますが、人工知能は外挿に対しては答えを出せないか、でたらめな答えを出してくるのです。言い換えれば、想定外のことには、人間以上に対応できません。結局、人間が思いもよらないことを人工知能が出し抜いて、人間を上回るような全く新しい発明や発見をすることは、今の人工知能には原理的にできないのです。

アルファ碁では、「人間には思いつかない好手を打ってくる」といわれて話題になりましたが、これはインスピレーション的にひらめいた一手ではなく、量的な数をこなした学習結果に他なりません。アルファ碁はコンピュータ同士で3千万回の対局をしており、そのデータを基にいろいろなシミュレーションを作り、また新たに学習するという、実に膨大なデータ間を補間し

「人工知能は量的にこなすのが得意というだけで、神の領域にある代物ではなく、所詮は人間の与えた庭の範囲で性能が上がってきた機械にすぎません」

て「奇想天外な一手」を繰り出してくるのです。

さらに言えば、碁というのは19×19の升目も碁のルールも、人間の作ったものであり、その規則性は100％正しく適用されます。いわば、閉じた世界で解析しているのです。これに対し、ルールのない開いた世界では、100％正しいモデルを与えられていないので完全には解析できないのです。その意味で、人工知能は量的にこなすのが得意というだけで、神の領域にある代物ではなく、所詮は人間の与えた庭の範囲で性能が上がってきた機械にすぎません。

◆ものづくり重視からの脱却がAI時代を生き残るカギ

松田 今後ますます人工知能が実用化されていく中で、企業にはどんなことが起きるでしょうか。

鷲尾 業界業種によって人工知能のインパクトは違ってきますが、現在の私の共同研究のパートナーである製造業で考えてみると、一般的に人工知能の技術とはコモディティ化を促進する技術だと考えています。すでに製造業ではコモディティ化が大きな問題になっており、たとえば、それまでの最先端の製品であったパソコンやスマートフォンが、時間の経過とともに差別化がしにくくなり、価格競争力がなくなって、新興国に市場を奪われたりしてしまいます。

そこで新たな付加価値や性能向上を付け加えて商品力を高めようとするわけですが、たとえばセンサーの場合、ノイズを減らして計測精度を上げようと考えた場合、センサーの部品や材料、つまりハードウェアの部分で高品質のものを使うというのが、これまでの最も有効な手段でした。しかし、機械学習と融合させると、ノイズが多くても、波形パターンの解析によって、簡単に高い精度を求めることができます。ハードウェアの品質が低くても、情報処理をうまくやる、あるいはいいソフトウェアをつけてやると、いいセンサーができるのです。

しかも、機械学習もどんどんパッケージ化されていて、専門の研究者でなくても、一定の手順でプログラムを組み込むだけで、高性能のツールができたりします。そうなると、適当なハードウェアとパッケージＡＩソフトの組み合わせだけで価値の高いものができてしまう。日本のお家芸だったものづくりとか技術力とかが、時代に合わなくなる可能性は十分にあります。現在はあまり語られていませんが、あと10年でコモディティ化の問題はずいぶん進行するでしょう。

松田　では、企業が生き残るにはどうしたらいいでしょうか。

鷲尾　一つには、技術重視、ものづくり重視からの脱却です。販売戦略、サービス、ビジネスモデルといった路線に重点を切り替える。そこに踏み切れないのなら、徹底的に研究開発を押し進め、「低品質＋パッケージＡＩソフト」の状況を見据えたうえで、現状の商品と社会ニーズを凌駕するような特殊技術を創造する。そのどちらかだと思います。

◆AI時代の法整備が遅れている

松田 人工知能の将来を予測すると、製造業とか企業とかへの影響ばかりではなく、われわれの生活にまで深く及んできそうですね。本来は私たち法律家が考えるべきなのですが、「人工知能社会」ではどのような法整備や制度が必要でしょうか。

鷲尾 私は法律の専門家ではないので深くは考えていませんが、今、経済産業省でも委員会を立ち上げて検討していることがあります。それは、データそのものの保護ではなく、ディープラーニングによって得られたプログラムの保護をどうするかです。いったん学習してしまえばデータは不要ですから、プログラムのほうが大切になります。

正確にいえば、プログラムやアルゴリズムは学習前と変わりなく、パラメータが変わってくるのです。その変化により顔認識などができます。つまり、データを学習することで得られたパラメータと、そのパラメータが実装されたプログラムがワンセットで重要な知財となるのです。これはまだ、法制化の検討が進んでいません。

もう一点、人工知能によるシステムが実社会に入ってきたときの制度的な課題を考えてみます。たとえば、車の自動運転が生活に定着したとして、皆が目的地に早く着こうと思ってルートを最適化すると、経済学でいうところの「合成の誤謬」（ミクロの視点では正しくても、それが合成されたマクロの世界では、必ずしも意図した結果にならないこと）が生じて渋滞が起きてしまいます。これを解消するには〝譲り合い〟が大切になってくるのですが、それを個人個人、ケースバイケースに委ねるわけにはいきませんから、制度や法律によるルール化が必要になってきます。そのとき、どのようにして全体最適化させるか、あるいは資源の配分をどうするかが大きな課題になると思います。

同じようなことはすでに通信の世界で起きており、人が集中するとスマートフォンがつながりにくくなったりします。現段階では電話会社による輻輳制御で片づけられていますが、これからIoTとかセンサーが入ってきて通信が増えたときに、どの通信を優先させるか、特に緊急時はどうするか、電話会社に任せていいのか、こういった社会的コンセンサスがまだ得られていません。

松田　人工知能といわれて、まだ先のことだとのんびり構えたり、あるいは夢を抱きすぎたりするのが、われわれレベルの認識です。しかし、度々お話にも登場したスマートフォンが２００８年６月に日本で発売されてわずか数年で、あっという間にほとんどの国民に普及し、生活シーンが一変しました。同じように、人工知能社会もすぐそこまで来ているのでしょう。

ヤマトウ（山形東高校）時代の同級生でもある

特に法整備は遅れているようですから、私も強い問題意識をもって取り組みたいと思います。

第７章

自動車が変わる
ドローンで変わる

──ガソリン車がなくなる日は近い

ＡＩやＩｏＴの導入による様々な変化は、従来の改善とはレベルが違う。自動化による効率化や利便性の向上、コスト削減といった次元ではない、まったく新しいものもある。企業間競争や業界再編といった影響はもとより産業構造全体を変えてしまうものもある。

第６章ではＡＩがもたらす各業界における変化を概括したが、身近なところで従来の形を大きく変えるのが自動車ではないだろうか。自動車産業は20世紀の花形産業であった。トヨタやＧＭ、フォードといった製造会社が企業規模ランキングの上位に入り、エネルギー企業とともに全産業を牽引してきた。

しかし、21世紀に入ってＩＴ企業がランキング上位に連なるようになり、さらにＩＴ企業が自動車産業に深く係わってきた。ごく近い将来に自動車産業は転換点を迎え、自動車そのものやインフラがＡＩやＩｏＴと関連して形を変えていくことになるだろう。

もう一つ、輸送、モノの移動という点で、近年急速に話題になり実用化されてきたのがドローンである。最後となる第７章では、自動車とドローンの近未来について見ていくことにする。

さて、自動車業界では、ガソリン車・ディーゼル車といった内燃機関で動く自動車の廃止に向けて、いよいよ具体的な計画が明らかになってきた。

自動車の歴史を紐解くと、１８７０年、ユダヤ系オーストリア人のジークフリート・マルクスが初のガソリン自動車「第一マルクスカー」を発明した。その後、ダイムラーやベンツといった〝人物〟が改良を重ね、１９０８年には米国でヘンリー・フォードが「Ｔ型フォード」を発売、ここから自動車の大量生産と大衆化が始まる。

20世紀後半になると、先進各国で排気ガス規制の動きが始まり、様々な改良が重ねられた。さらに１９９０年代に入ると、地球温暖化は大気中の二酸化炭素増加に原因があるとして、自動車についても内燃機関以外の動力の開発が急がれた。その中で実現性が高いとして進められてきたのが電気モーターを動力源とする電動車である。

現在、一般的に電動車といわれるものは次のとおり。車載電池からの電力のみで動く電気自動車（ＥＶ＝Electric Vehicle）、主に水素を燃料とする燃料電池を搭載し、発電させて動かす燃料電池自動車（ＦＣＶ＝Fuel Cell Vehicle）、内燃機関と電動モーターを併用するハイブリッド車（ＨＶ＝Hybrid Vehicle）、ハイブリッド車のうち家庭用プラグや充電スタンドから直接充電できるプラグインハイブリッド車（ＰＨＶ＝Plug-in Hybrid Vehicle、またはＰＨＥＶ）の四つ。

環境意識の高いヨーロッパでは、ガソリン車・ディーゼル車の廃止にも積極的な動きを見せる。2017年7月、英国政府は都市部での深刻な大気汚染に対応するため、2040年までに国内のガソリン車とディーゼル車の販売を禁止する方針を決めた。フランス政府も同時期に英国と同じ措置を発表、フランスにはルノーやPSA（プジョー・シトロエン連合）といった世界的メーカーがあるだけに、EV・HV切り替えまでの道筋が注目される。

2017年7月、スウェーデンのボルボは2019年以降に新たに販売する全車種をEVやHVにすると発表した。同年11月、ドイツ連邦議会は2030年までにガソリン車・ディーゼル車を禁止する決議案を採択した。決議案は議会が政府に対して要望を示すものであり法的拘束力はないが、すでにドイツは欧州委員会を通じて、この禁止案をEU全体で実施するよう求めている。オランダやノルウェーでは2025年以降、ガソリン車・ディーゼル車の販売禁止を検討する動きもある。

2009年以降、米国を抜いて自動車の世界最大市場となった中国では、都市部での排気ガスによる深刻な大気汚染の対応策として、政府は2016年8月、「新エネルギー車クレジット管理規則」、通称「NEV《ネヴ》規制」（New Energy Vehicle Requirement）を発表した。自動車メーカーに対し、中国での生産・輸入台数のうち新エネ車の占める割合を規定するもので、段階的に割合を高めていく。2017年9月にはNEV法が公表され、当初の計画から1年先送りして２０１９年からの実質的導入となった。

中国のＮＥＶ規制の元となったのが、全米で最も自動車販売台数の多いカリフォルニア州の「ＺＥＶ《ゼヴ》規制」(Zero Emission Vehicle Requirement) である。カリフォルニアは最大のガソリン消費州であり、大気汚染も以前はひどかった。そこで１９９０年より、州内で一定台数以上の自動車を販売するメーカーに対し、ＺＥＶの販売比率を規定したのである。ＺＥＶ規制は２０１８年からさらに厳しくなり、それまではＨＶや天然ガス車、低排出ガス車もＺＥＶの対象とされていたが、以降はＥＶ、ＰＨＶ、ＦＣＶに限られることとなった。中国のＮＥＶもＥＶ、ＰＨＶ、ＦＣＶのみで、ＨＶは対象外である。

最後に日本のケースだが、トヨタは２０１６年末にＥＶ事業企画室を設置し、ＨＶで得た電池のノウハウを生かしＥＶ開発を急ぐこととした。２０１７年12月には、２０２５年をめどにガソリンエンジン専用車を廃止すること、２０３０年には新車販売で電動車の割合を50％とし、うち10％以上はＥＶやＦＣＶにする、と発表した。

これまで日本ではＨＶの人気が高かったが、世界的にはもはやＥＶに軍配があがっている。このＥＶシフトの波にうまく乗れるかどうかが、日本の自動車産業、ひいては日本経済に大きく影響してくるだろう。

――「運転主体が自動車」というクルマがついに商品化

２０１７年７月、独アウディ社の旗艦車「Ａ８」の新型モデルがスペイン・バルセロナで発表された。新型Ａ８は、運転手主体の自動運転の一段階先を行く「自動運転」に相当する機能を搭載した世界で初めての量産車とされた。

自動運転機能のレベルとして、現在ではＳＡＥインターナショナル（米国自動車技術者協会）が２０１６年９月に改訂した分類（J3016_201609）が、日米欧ともに用いられている。

左表のように、レベル１と２で運転主体が運転手であるのに対し、レベル３からは運転主体がシステムに移る。すなわち、レベル２以下では、ハンドル操作や加速・減速といった動作に対する支援をシステムから受けながらも、ハンドルは常に運転手が握っていなければならない。これに対し、レベル３では限定領域（ＯＤＤ＝高速道路や、時間帯、気象などの条件がつくこと）内でハンドルを握っている必要がなくなる。運転中に何かの不具合が生じた時や緊急時の対応は、レベル３では運転手の介入が想定されているが、レベル４では限定領域内でシステムが対応し、レベル５では限定領域という条件すらなくなって、無条件で自動運転となる。

自動運転のレベル

レベル	概　容	安全運転に係る監視、対応主体
運転者が一部または全ての動的運転タスクを実行		
レベル0 運転自動化なし	運転者がすべての動的運転タスクを実行	運転者
レベル1 運転者支援	システムが縦方向（加速･減速のこと）または横方向（ハンドル操作のこと）のいずれかの車両運転制御のサブタスクを限定領域において実行	運転者
レベル2 部分運転自動化	システムが縦方向および横方向両方の車両運動制御のサブタスクを限定領域において実行	運転者
自動運転システムが（作動時は）全ての動的運転タスクを実行		
レベル3 条件付 運転自動化	・システムが全ての動的運転タスクを限定領域において実行 ・作動継続が困難な場合は、システムの介入要求等に適切に応答	システム （作動継続が困難な場合は運転者）
レベル4 高度運転自動化	システムが全ての動的運転タスクおよび作動継続が困難な場合への応答を限定領域において実行	システム
レベル5 完全運転自動化	システムが全ての動的運転タスクおよび作動継続が困難な場合への応答を無制限に（すなわち限定領域内ではない）実行	システム

動的運転タスク（DDT：Dynamic Driving Task）
・道路交通において、行程計画ならびに経由地の選択などの戦略上の機能は除いた、車両を操作する際に、リアルタイムで行う必要がある全ての操作上および戦術上の機能。
・以下のサブタスクを含むが、これらに制限されない。
　1) 操舵による横方向の車両運動の制御
　2) 加速および減速による縦方向の車両運動の制御
　3) 物および事象の検知、認識、分類、反応の準備による運転環境の監視
　4) 物および事象に対する反応の実行
　5) 運転計画
　6) 照明、信号および身ぶり手ぶりなどによる被視認性の向上

限定領域（ODD：Operational Design Domain）
・ある運転自動化システム又はその機能が作動するように設計されている特定の条件（運転モードを含むが、これには限定されない）。
　注１：限定領域は、地理的、道路面の、環境的、交通の、速度上の、および／または時間的な制約を含んでもよい。
　注２：限定領域は、一つまたは複数の運転モードを含んでよい。

出典：首相官邸「官民 ITS 構想・ロードマップ 2018」（一部編集）

内閣府の公表する資料によると、運転手の免許が不要になるには、レベル4以上としている。また、レベル4は専用空間・限定地域での無人自動運転に想定されている。一方、レベル4の自動運転車が普及する社会になると個人の自動車所有への関心が薄れ、カーシェアリングを促進させるとの考えもある。確かに、目的地で駐車場を探す必要がなくなり、乗り捨てた車が自走して帰っていく世の中になれば、生活のスタイルも変わっていくに違いない。

ところで、アウディA8のレベル3では、車の周辺状況の把握のために、超音波センサー、レーダーセンサー、レーザービームセンサー、フロントカメラなどが搭載されている。センサーから入力されたデータを車載コントローラーで集中処理しながら、リアルタイムで発進、加速、減速、進行方向変換などの指示を与えていく。自動運転中の故障も想定し、制御装置はすべて冗長構成（情報システムなどの構成法の一種。設備や装置を複数用意し、一部が故障しても運用を継続できるようにした構成）をとっている。

具体的にどのような場面においてレベル3の自動運転ができるかというと、渋滞混雑時など時速60㎞以下で走行中の場合に限られる。自動運転モードへの切り替えには、ハンドル右下のＡＩボタンを押す。車線変更や突然の障害物回避も自動で行う。

今のところ、中央分離帯がある高速道路という制限がつき、ドイツ、米フロリダ州の道路交通法のみが、レベル3相当の自動運転を認めている。速度を60㎞以下とする理由は、自動運転状態から再び運転手に操作を戻す際の時間を考慮した結果で、この時間を10秒と想定している。アウディの開発責任者は、速度が上がればこの引継ぎ時間を短く想定する必要があり、事故のリスクも高まると判断したというが、センサーで取得するデータを増やしデータ処理の能力も上げれば、速度の課題は解決の方法がありそうだ。自動運転以外にも、運転手が乗っていなくとも車が自動的に駐車スペースに収まる機能もある。

自動運転でハンドル操作から完全に解放されれば、多くのドライバーはストレスからも解放され、車内での時間の過ごし方も変わっていくだろう。アウディのシュタートラー社長は「人々に1日の25時間目を提供する」と強調。25時間目とは車を自動で走らせている時間のことで、運転手にとっての新たな可処分時間、すなわち付加価値を提供するということだ。この時間内であれば、ビデオの視聴、スマートフォンの操作、同乗者とのリラックスした会話などができるということだろう。

再び開発責任者によると、「当面はレベル3の性能をさらに向上させることが優先課題だが、その先も見据えた開発も続けている。レベル3からレベル4への移行は、レベル2からレベル3へのギャップに比べれば難度は下がるのではないか」とのことだ。

こうした自動運転化の流れの中で、２０１８年に水を差すような事件が起こった。3月18日、配車サービス大手のウーバー・テクノロジー社の自動運転実験車両（ボルボＸＣ90）が、アリゾナ州の公道において、自転車を押していた歩行者をはねて死亡させたのだ。夜間であり灯火がなく、事実上の自動車専用道路だったこと、センサーで検知できたのかできなかったのか、人間の運転で避けられたのか避けられなかったのか、米国では公道で自動運転テストが行われるという実情など、様々な分析材料はあるものの、自動運転による対歩行者初の死亡事故は大きなショックであり、トヨタは米国での自動運転テストを中断した。

そして、アリゾナの事故から1週間後の3月25日、電気自動車メーカーのテスラの「モデルX」が、カリフォルニアで自動運転中に中央分離帯に衝突・炎上し、ドライバーが死亡するという事故が起きた。運転手が自動車に運転を任せきりだったこと、実際は半自動運転なのに「オートパイロット」というモード名であったこと、2016年にテスラの「モデルS」がフロリダで自動運転中にトレーラーに突っ込んで運転手が死亡するという事故があったことなど、こちらも多くの物議を醸すことになった。

自動運転の精度向上にはAIの能力向上が欠かせない。しかし、前出の鷲尾隆教授インタビューから連想されるように、すべてAIに委ねていいのか、AIや自動運転を過信してはいないか、また、制度や法律面で適切にキャッチアップできるか、など技術以外にも様々な課題があることを忘れてはならない。

――満を持してトヨタが自動運転に参入

自動運転の開発はグーグルなど消費者と接点を持つ企業が、消費者との接点をさらに増やして、車の仕様、利用方法、価格などで主導権を奪う戦略を持っている。これに対して自動車メーカーであるトヨタ自動車の豊田章男社長は「競争相手とルールが大きく変わろうとしている。建設的破壊と前例無視が必要だ」と発言している。

トヨタ自動車は２０１６年、ＡＩ研究開発の子会社「トヨタ・リサーチ・インスティテュート」（ＴＲＩ）をマサチューセッツに設立し、自動運転の基礎技術獲得に乗り出した。同社のギル・プラットＣＥＯは、米国防総省の国防高等研究計画局でロボティクスを研究しトヨタに移った人物だ。彼は自動運転について、とても興味深く、同時に感心させられるコメントをしている（２０１７年７月２日、日本経済新聞日刊）。

○トヨタが完全自動運転の実用時期を（当時）表明していないことについて

「人の運転を助けるモードと完全自動運転モードの研究を並行して進める。安全運転支援はいち早く実用化するが、完璧な完全自動運転車はＡＩでも実現できないという認識が大事だ。アメリカの交通事故の死亡率は1億マイルの走行あたり1人。完全自動運転技術でこの比率が下がっても、人の運転より少し安全だという程度ではいけない。人間同士（の事故）と異なり機械のミスを社会は許しにくい」

「トヨタは毎年1千万台の車を販売し10年間で1億台になる。年間平均走行距離が1台1万キロだと、1兆キロの実走行データを得る潜在力を持つ。世界中のあらゆる条件下の膨大なデータは技術進化の重要なカギになる。目標は世界で年間125万人の交通事故死亡者をゼロにすることだ」

○ 実用化を急ぐ他社に出遅れるのでは

「どんな環境でもＡＩが運転するレベル5の実用化はスピード競争をすべきではない。技術はできるだけ早く進化させ（次世代事業への）備えは万全にしておく。場所など限られた道路環境ではＡＩに任せるレベル4は数年でできる。レベル5対応の車両は人の運転より事故発生率を大幅に減らせなければ投入は難しい」

○ トヨタの技術の強みと課題は何か

「車づくりは山登りのようだ。トヨタは徹底的なカイゼンで頂上に向かい登り続け、安全性、性能、価格、耐久性に消費者の信頼を得た。自動運転やロボットは情報セキュリティも重要になる。トヨタなら悪いことが起きないという信頼性が価値になる」

「成功体験のある大企業は新分野の探索や成長を忘れがちで、柔軟に方向を変えられない。時代の断絶を迎え入れるには失敗を恐れずに不確かな未来に挑戦しないといけない。ＴＲＩはトヨタから未来の技術への挑戦に大きな裁量と信頼を得ている。新しい競争の山に俊敏に挑む」

２０１７年7月、トヨタはＴＲＩを通じて、スタートアップ育成に特化した1億ドル以上の予算を持つベンチャーキャピタルを立ち上げた。そして、２０１８年3月、ＡＩによる自動運転技術の開発を加速させるべく、グループ企業のアイシン、デンソーとの3社で「トヨタ・リサーチ・インスティテュート・アドバンスト・デベロップメント」(ＴＲＩ‐ＡＤ)を東京本社内に設立した。ＣＥＯはＴＲＩの技術トップのジェームス・カフナー氏。ＴＲＩ設立時において、２００９年からの自動運転車開発プロジェクトの創設メンバーであり、グーグルのロボット開発部門の責任者だった同氏をトヨタが引き抜いたのだ。

ＴＲＩ‐ＡＤ設立時の社員数は３００名だが、今後は１０００人規模まで拡大し、２０２０年から自動運転車の本格投入を始める予定である。

――総務省が支援するコネクテッドカー

総務省は2016年12月、自動車をインターネットにつないだ「コネクテッドカー」の開発を支援する方針を打ち出した。コネクテッドカーはインターネットを搭載し、センサーにより周囲の状況などの情報を取得し、ネットワーク上で分析・解析して新たな価値を生み出す。

これまでの道路上の電波利用システムとしては、VICS（道路交通情報通信システム）やETC（電子料金収受システム）、ITSスポット（安全情報提供）などがあるが、それぞれが独立しており、ネットワークを形成していなかった。しかし、IoTやAIの活用が進み、第5世代移動通信が実現化される中で、シームレスなサービスと新たな価値創造が望まれるようになった。これが〝つながるクルマ〟コネクテッドカーの開発背景である。

具体的には車それぞれの走行データ（速度やブレーキの頻度）、路面状況、車両コンディションなどの情報分析により、渋滞緩和、事故削減などの交通管理、車両診断、保険サービスなどへの活用を目指している。

開発は各メーカーが進めているが、走行データなどが多いほど高品質の車を開発できるため、総務省は企業間でのデータ共用の制度化を進めて、共同で研究開発できる施設も設置する予定だ。トヨタがＮＴＴとコネクテッドカーの開発で連携するなど、業界の垣根を越えた交流も始まっている。コネクテッドカーの技術の活用は、自動運転システムの実用化につながる。

現在実用化されている具体的サービスは以下のとおりだ。

・緊急通報システム……事故時の迅速な対応を目的とし、事故発生時には自動的に消防や救急、警察へ連絡が入る仕組み
・テレマティクス保険……ブレーキの回数、運転時間帯、運転傾向などの細かな情報を収集・分析して保険料を設定する仕組み。アメリカや日本で普及しつつある
・盗難車両追跡システム……盗難に遭った際に車両の位置情報を追跡できるサービス。遠隔操作で盗難車両を減速させる機能もある

日本に限らず、世界各国の政府の規制や政策が自動車業界に極めて大きな影響を与えてきた。自動車産業変革の転換点にあたる現在、中長期のロードマップを官民一体で乗りこなし、ＰＤＣＡサイクルを回しながら駆け抜けてほしいものだ。

——ガソリン車廃止と自動運転による影響

まず、ガソリン車から電気自動車（ＥＶ）への移行について、他産業への影響を考えてみよう。ＥＶはガソリン車と比べて構造が単純であり、新規参入障壁が比較的低いため、多くの新興メーカーが登場すると予想されている。自動車部品メーカーのみならず、家電メーカーや住宅メーカーなども、自動車メーカーになる可能性を秘めているのだ。

ガソリン車の部品点数は全部で約３万点もある。特にガソリン車のエンジンは精密部品で構成されており、素材も高品質の特殊鋼が多く使用されている。これに対しＥＶは、エンジン本体、エンジン制御装置、トランスミッションなどガソリン車の４割にあたる部品が不要とされる。また、ＥＶではモーター、リチウムイオン電池関連、高機能素材で高い技術を持つ部品メーカーが新たな主役になり、この主役交代が自動車産業全体に大きな影響を与える。

自動車用燃料としての石油の需要は減少していくが、電気と電池の需要の増大は確実だ。目下のところ航続距離とエネルギー補給時間に関しては、圧倒的にガソリン車が有利であり、様々な素材の開発を含めて電気関係の新技術が必要とされるだろう。たとえば、モーターには銅が不可欠だが、仮に世界の自動車市場に占めるＥＶの比率が２０３５年までに90～95％に達した場合、銅の需要は現在の年間約２３００万トンから2倍近くに拡大する可能性も指摘される。

次に、自動運転による影響を考えてみる。技術面やインフラ、制度の点では様々な予測が出てくるが、ここでは巷間騒がれる「自動運転でなくなる仕事」を見ることにする。

自動運転でなくなる仕事ランキングとしてよく話題になるのが週刊誌（「週刊現代」２０１７年2月4日号）の記事である。

1位は「空港内などの巡回バス運転手」。空港では一般車両や普通の通行人もいないため、安全面のハードルが低い。レベル4での実現が可能だ。

2位は「法人タクシーの運転手」。タクシー業界は慢性的な人手不足。運転手確保が難しい一方で人件費も圧縮しなければならない。生活が不規則な辛い仕事はＡＩ任せということか。

3位は「鉱山・林業・建設現場の運搬車作業員」。これも空港同様、特定の場所での運転に該当する。また、建設現場にせよ林業にせよ、ロボット化はかなり進んでいる。厳しい鉱山の仕事については、機械が代替することになるだろう。

以下、次のように続く。

4位「米・穀物・トウモロコシ農家」、5位「ローカル線の鉄道運転士」、6位「長距離ドライバー」、7位「路線バスの運転手」、8位「宅配便のドライバー」、9位「ごみ収集作業員」、10位「コンビニの店員」。

結局、自動車運転をメインの仕事とする人は皆、失業の憂き目にあうということのようだ。

――無人で自律的に飛行できるドローン

ドローンは、2010年代半ばの数年で、急速に認知された言葉の一つといえるだろう。言葉（drone）自体は、20年前の英和辞典にも、「ブーンという単調な持続低音」「雄のミツバチ」の意味とともに「無線操縦無人機」とあるので、最近の造語・新語ではない。

2015年12月施行の改正航空法によると、「『無人航空機』とは、航空の用に供することができる飛行機、回転翼航空機、滑空機、飛行船その他政令で定める機器であって構造上人が乗ることができないもののうち、遠隔操作又は自動操縦（プログラムにより自動的に操縦を行うことをいう。）により飛行されることができるもの」とある。

ドローンに対する明確な法律上の定義は見当たらないが、簡単に言うと、ラジコンでない無人飛行機となる。では、ドローンとラジコンの違いは何かというと、「プログラミング制御により〝自律的に〟飛行できるのがドローンで、人間が操縦するのがラジコン」とも考えられるが、個人で楽しむレベルではは人の操縦するドローンもすでにたくさんあり、つまるところ、新しく出てきた例の形をしている無人航空機がドローンであるといえよう。

無人航空機については、第二次世界大戦中に研究が本格化したが実用化に至らず、その後は軍事目的で開発が進められた。１９９０年代に入って、ようやく農薬散布用に使われるようになり、２０１０年代にはＧＰＳと機体の性能向上により、一気に利用範囲が広がった。

先の改正航空法は、無人航空機、というよりドローンが飛び交うようになったために改正されたものである。同法では重量２００グラム以上の機体について、「①空港周辺」「②１５０ｍ以上の上空」「③人家の密集地域」で飛行させる場合は、事前に国土交通大臣の許可が必要としている。また、それ以外の場合でも、以下の方法で飛行させることを定めている。

- 日中において飛行させること
- 機体とその周囲を目視により常時監視すること
- 人や物から30ｍの距離を保って飛行させること
- 多数の者の集合する催しが行われている場所の上空で飛行させないこと
- 火薬類、高圧ガス、引火性液体、凶器などの危険物を輸送しないこと
- 機体から物を投下しないこと

航空法以外にもドローン規制はある。テロ対策として2016年4月に施行された「小型無人機等飛行禁止法」では、「①国の重要な施設等」「②対象外国公館等」「③対象原子力事務所」および①〜③の周囲300m（番地で指定）での飛行を禁止している（対象施設や土地の管理者が認めた場合や国・自治体の公務の場合は、警察署、公安委員会に通報したうえで飛行可能）。①の施設は、国会議事堂、総理官邸、各省庁、最高裁判所、皇居、政党事務所などである。

航空法では対象としなかった200g未満のドローンでも、こちらの法律でひっかかる可能性がある。従わない場合は機体の破壊もあり得るという、厳しい法律だ。

一方、2018年3月の報道によると、国土交通省は同年夏にも離島と山間部での目視外飛行を解禁して配送や測量を認め、2020年以降は都市部での本格的な解禁を目指すという。ドローンによる生産性向上と利便性を後押しするための行政も積極的になってきたようだ。

――社会の課題を解決するドローン

ある予測によると、2015年では40億円にも満たなかった国内の産業用ドローン市場が、2020年には約17倍に、2024年には約60倍の2200〜2300億円に伸びる。機体そのものの伸びは10倍程度だが、サービス市場の伸びが１２０倍という。すなわち、新たなドローンの利用法が次々に生まれてくることを示唆している。現在のドローン活用例を紹介しよう。

〔災害調査〕

熊本地震の際には、ドローンを被災地に飛ばして空撮することで、より正確で迅速な状況把握ができた。豪雨などの被害を受けた被災地では、地表を撮影し、人がいるかどうかや崖崩れの様子などを調査する。災害後の正確な地図を作ることや迅速な保険金支払いにも役立つ。最新のドローンは大雨や強風でも安定した飛行ができるようになった。人が入れない地域での利用は大いに期待されるところだ。山岳遭難などの不明者捜索にも活かせる。

〔測量〕

ドローンにより短時間で済むようになる。対象物に接近して測量できるし、撮影した画像から距離や高低に関する情報を分析し、土地をならすために必要な土の量も算出できる。

２０１３年の大規模な噴火で巨大化した小笠原諸島・西之島の測量にもドローンが使われている。国土交通省は、情報通信技術を全面的に利用した施策を建設現場に導入することにより、生産システム全体の生産性向上を図る取組み「アイ・コンストラクション」(i‐Construction)を

2016年度より導入しており、今後ドローンへの大きな需要が見込まれる。

〈点検〉

電力インフラである送電線や鉄塔の画像を撮影し不具合を発見する。山間部の高所でも利用できるため、これまでは作業員の目視に依存していた作業や危険を伴う作業に対して、手間や事故リスクを軽減できる。様々なインフラ関連データや技術と融合すれば、これまで作業員が見落としがちであったトラブルを発見することができる。造船所では、船の組立て資材を確認するためにドローンが利用されている。

〈防犯・セキュリティ〉

大手警備会社では、ドローンを使ったオフィス・家庭向けのセキュリティサービスを始めた。監視カメラとLEDライトの付いたドローンを建物の上空で回遊させ、接近した人や車を撮影して警備会社の情報コントロールセンターに送信する仕組み。固定カメラでは、人の顔の特徴を捉えたり、車のナンバープレートを撮影したりすることは難しいが、ドローンなら可能だ。

サメによる被害が相次ぎ、死亡者も出ているオーストラリアでは、サメを探知するドローンが主要な海岸に配備されることになった。

〈物流・配送〉

つい最近まで、ドローンの利用で話題になっていたのが、ピザの配達や、ゴルフ場でプレーヤーに飲み物を届けるといった配送のケースだろう。コスト面などを克服して本格的な配送サービスが可能になれば、宅配業界の人材難解消や過疎地域でのサービスが期待できる。

安倍首相が議長を務める「未来投資会議」の第9回（２０１７年5月30日）では、「未来投資戦略２０１７」の素案が議論された。その中で「移動革命の実現」として、２０２０年までに都市部でのドローンによる荷物配送を本格開始することが盛り込まれた。

〈農業〉

農薬散布といった以前からある利用法だけでなく、農作物育成状況のチェックにも活用されている。

茶摘みの最適時期を判断するために撮影した画像の解析が行われている。トップ企業でも茶摘みの時期の判断は長年蓄積された知識と経験に頼っていた。天候や気温により一晩で生育状況が変わるため、茶摘みの時期が近づくと熟練者が見回りをして状況をチェックしていたが、数十万平方メートルを超える広大な茶畑もあり、ドローンを使って成長過程を管理する。山梨県のぶどう畑では枝をカットする剪定作業にドローンを利用している。

日本の農地は狭いというイメージがあるが、目下、過疎化や高齢化の結果として増えた耕作放棄地を集積、整備しており、畑面積は拡大する方向にあるという。少ない労力とコストで効率的に畑を管理し、最小限の肥料・農薬利用で収穫量を増やすことができれば、過疎化・高齢化の対策にもなり、環境にも優しい。

〈スポーツ中継〉

ラグビーでは選手たちが密集した状態でのプレーが多いため横からの撮影映像では状況の把握や解析が難しいとの問題があったが、上空からの視点で分析が可能となった。サッカーでも選手間の距離を正確に捉えることができるため、戦術や技術指導での向上に役立っている。

集団競技のほかにも、個人競技のスノーボードや海上でのヨットなど、動きが激しかったりカメラを持ち込みにくい場所で行われるスポーツでは、ドローンならではのアングルからの撮影が可能となる。また、従来は不可能であった角度からの撮影が可能となれば、空撮画像を指導者と競技者が共有し、改善へつなげることができる。何が成功や失敗の原因であったか不明という感覚的なものも分析できる。

競技者とドローンの相互通信システムも開発されている。ドローンが競技者を自動的に追いかけ、飛行中はジャイロ安定化技術により、競技者を常にフレーム内に捉え続けることも可能となった。スポーツを観戦するファンとしても、人間の視点で従来見ることのできなかった映像を、新鮮な驚きとともに楽しめるだろう。

〈監視・観察〉

自殺者が出るほどの難関で、不正行為も多い試験として知られる中国の「高考」（全国統一入試）で、不正行為の発見にドローンが使われることになったという。無線信号を探すことで、不正した者の位置を特定できるとのこと。人間の試験官は、緊張を強いられるわりに観察の質が高いとはいえない。極めてユニークなドローン活用といえよう。

〈WiFi基地〉

世界にはまだインターネットの未整備の地域が多く残っている。第４世代移動通信システム（４G）の普及率が高いのは日本、北米、韓国と北欧の一部地域。他の地域では３Gないしは２Gが未だに主流であり、電波そのものが届かない地域も膨大に残っている。

通信網の整備・拡大のために、フェイスブック社は太陽エネルギーを動力源とし、空中からＷｉＦｉ環境を提供する大型ドローン「アキラ」（Aquila）を開発した。２０１６年６月、ネバダ州で行われた試験飛行で、90分の飛行とＷｉＦｉ電波の地上への送信に成功した。機体の翼はカーボンファイバー製で全幅は42ｍと、小型旅客機ボーイング７３７の36ｍよりも長い。形状は胴体のないグライダー、あるいはブーメランのようである。

２０１７年5月の2度目の試験飛行では、飛行時間1時間46分。初回は着陸に失敗したが、2回目はプロペラが地面に接触したものの無事着陸したという。今後テストを繰り返し、３カ月間のノンストップ飛行を目指す。

ＡＩ同様、ドローンは今後数年間のうちに私たちにより身近なものになるだろう。自動運転・自動操縦といった技術だけでなく、航続距離、航続時間が進化し、搭載されるアプリケーションやソフトウェアが用途に応じて開発されていけば、応用範囲が広がる可能性は極めて高い。

また、ドローンに関する資格も制定されるかもしれない。個人の趣味としてのドローン操縦は別として、産業面や災害現場での活用には技量が必要である。今のところ、ドローンの免許や国家資格は必要ないが、ドローンパイロットの認定資格（スクール）はあり、実技のほか、航空法、電波法、気象に関する知識などを学ぶ必要がある。しかし、それとても、本物のジェット機やプロペラ機を操縦することに比べれば、誰でも低コストで早期に習得できることは間違いない。

INTERVIEW 3

ドローンが街中を飛び交う「ドローン前提社会」はすぐそこに

投資家
千葉功太郎

◆2020年にはドローンが当たり前に街中を飛ぶ

松田　千葉さんは2017年6月に「ドローンファンド」を立ち上げ、すでに16億円20社に投資しています（インタビュー時：2017年9月）。ファンドのコンセプトをお聞かせください。

千葉　ドローンによるスタートアップを支援するベンチャーキャピタルであり、ドローン特化型としては世界で3番目です。ドローンを介した産業は、今後インターネット産業のように急成長していくと考えています。

ただし、今のところヨチヨチ歩きの段階で、インターネットでいえば、ダイヤルアップ接続から常時接続に移行した2000年前後の状況です。ドローン産業の明るい未来が見え始めた頃ともいえますが、逆に、産業が未熟なだけに、ファンドはアグレッシブな試みです。

松田　ドローンとは、プロペラの四つ付いた小さな飛行物体で、遠隔操作で動き、ときどき落ちたりして事件になり、飛ばしていい場所といけない場所がある、というのが現在の一般的な認識です。これがあらゆる産業やサービスに関わる基幹インフラになるという見通しですか。

千葉　現在ではラジコンのイメージかもしれません。しかし、人間がコントローラーで操作するレベルというのは、インターネットにつながれていないスタンドアローン型パソコンと同じ。

これに対して、ドローンがネットに接続されて、ＡＩを搭載し、完全自動自律運転で、かつ、管制システムによる制御を受けている――というのが、私たちが想定しているドローンの世界です。これを「ドローン前提社会」と呼んでいます。

かつて、「インターネットを始めた」「電子メールを始めた」という言葉が誇らしげに話題にされたことがありましたが、今やインターネットはほとんどの物事の「前提」であり、インターネットのみの話題はあまり出てきません。この状況と同じく、街の上空にはドローンが飛んで

千葉功太郎

Kotaro CHIBA

投資家。Drone Fund General Partner、慶應義塾大学 SFC 研究所ドローン社会共創コンソーシアム上席所員。リアルテックファンドクリエイティブマネージャーも務める。慶應義塾大学環境情報学部卒。リクルート（現・リクルートホールディングス）、サイバード、ケイ・ラボラトリー（現 KLab）を経て 2009 年、コロプラに参画、取締役副社長として採用・人材育成などの人事領域を管掌し、2012 年東証マザーズ IPO、2014 年東証一部上場、2016 年 7 月退任後現在に至る。

いて何らかの業務をこなしており、街行く人はそれを見上げようともしない――その姿がドローン前提社会です。

松田　では、それがいつ来るのでしょうか。

千葉　東京であれば、今から5年後、２０２２年のことだと予測しています。その際の国内ドローンサービス市場は１４０６億円と推計されており（インプレス「ドローンビジネス調査報告書２０１７」）、また、２０２０年における世界市場は13兆円（PwC「Clarity from above」）という予測があります。

あらためて私たちの使命を考えてみると、一つにはドローン前提社会を作るための技術、仕組みに対して、積極的にリスクマネーを提供していくこと。もう一つは、その社会に必要なプロデュースをしていくことです。そして、ファンドを通じて育ってきたハードとソフト、そして企業を、できるだけグローバルに展開させ、一定のポジションが獲得できるようにしていきたいと考えます。

◆ドローンと一番相性のいい産業は農業

松田　あらゆる産業が関わってくるとのことですが、特に関係の深い産業は何でしょうか。

千葉 意外に思われるかもしれませんが、農業との相性がいちばんよく、先ほどの2022年の国内市場予測では3分の1にあたる500億円程度が農業分野の市場と推測されています。

農業は、生産に要する面積が大きいわりに人手が足りず、一方で、世界的な食糧不足が叫ばれるほど対策が急務な産業です。現状の非効率性を解決するには、何らかのテクノロジーを入れる必要があり、ドローンは広大な面積を空からアプローチできる点で有望です。

たとえば、肥料や農薬の散布ですね。空から散布したほうがはるかに効率的です。実は30年前にヤマハ発動機が農薬散布用のヘリコプターを開発しましたが、これが世界初の空中散布となり、後に世界に広がりました。その意味では、日本は農業におけるドローン先進国なのです。

農業利用に関して「精密農業」にも大きく寄与すると考えます。「精密農業」とは、農地・農作物の状況をきめ細かく観察し、ばらつきの要因を突きとめたり収穫の計画を立てたりする手法のことです。これもドローンを使って空から画像や波長で解析することで、生育状況を正確に把握するとともに、ピンポイントで農薬や追加肥料を散布することが可能になります。人手をかけずに広大な面積が管理でき、原材料のコストダウンにもつながります。従来、肥料を散布するのに1ヘクタール当たり5万円かかっていたところ、10分の1に押さえられるという試算もあります。

直近では、稲作専用ドローンの試作品が開発されました。前のほうのCGカメラで稲の生育状況を見て、瞬時に判別して、後ろのほうから肥料を蒔くという仕組みで、見るドローンと蒔くドローンの2機が必要だったところ、1機で同時にこなせるのです。

林業でもドローンは有効です。林業での問題に、森そのものが管理されていないことと、森の植生が把握されていないことがあります。そこでまず、森の上にドローンを飛ばして生育状況を調査する。次に、森の中を飛び回らせて360度カメラで3Dスキャンしていく。こうして、上からと中からの映像やデータの組み合わせにより、森の立体的な状況が把握できます。

松田　森の上を飛ぶドローンならわかりますが、森の中ではGPSが届かないでしょう。自律飛行型のドローンはGPS情報を受信して飛ぶものとばかり思っていましたが、GPSがなくても飛べるのですか。

千葉　飛べます。まず、ドローンはIMU（Inertial Measurement Unit：慣性計測装置）という、3軸の角度と加速度を検知するセンサーを持っています。人間でいえば三半規管にあたるもので、これによって水平を制御します。これに「眼」をつけてやるのです。すなわち、垂直方向と水平方向にレーザーを出してスキャンし、周辺環境の3Dマッピングを行って相対的に自己位置を推定します。そのお蔭で、物にぶつからずに飛べるのです。以上は「SLAM」という技術ですが、ほかにもGPSなしで飛ぶ技術がいろいろと開発されています。

◆問題個所を絞り込むことで時間とコストを削減

松田　幅広いドローン産業という点では、非GPS環境での活用がいくつも考えられますね。

千葉　たとえば、トンネル内や橋梁の下、下水道管、地下空間といった場所での外壁検査、工事進捗検査などに活用できます。この「検査」の分野が農業に次ぐ市場（全体の4分の1）になるだろうと、前述の「2022年市場予測」では発表しています。以下の分野としては、土木測量、災害状況調査などの「測量」、建物診断や棚卸の「屋内」、家の監視やテロ防止といった「防犯」が続きます。

松田　われわれには、インフラ関連での活用はなかなかピンとこないのですが、具体的にどんな利用法があるでしょうか。

千葉　先ほど、トンネルや橋梁などの外壁検査の話をしました。今、50年前の東京オリンピックの際につくった社会インフラが一斉に老朽化する問題が騒がれています。放置すると崩壊から大事故につながりかねません。問題個所を見つけるまでに人間の目だと膨大な時間がかかるところ、ドローンだと短時間ですみ、しかも打音検査までしてくれるのです。

こういったドローン利用法に対して「人間の仕事を奪うのではないか」と考える人がいるか

もしれません。しかし、ドローンから人間への関与は「奪う」のではなく「助ける」「共存する」意味合いのほうが大きいのです。問題のある範囲というのは、膨大な全体の中のほんの一部にすぎません。確実に問題のない部分がドローンによって除外されれば、逆にいえば、問題のありそうな部分が絞り込まれれば、あとは人間の経験と技術によって、見つけ出していけばいいのです。あるいは、これまでチェックに時間とコストの9割かけていたところを、修繕に9割かける、と考えてもいいでしょう。

同じことは救助・捜索の面でもいえます。これまで山岳で遭難者を探す場合、二次災害の危険を抱えながら広大な面積を人海戦術で捜索しなければなりませんでした。しかし、ドローンだと、たとえば100ヘクタールのうち〝確実にいないであろう〟95ヘクタールを特定できます。残り5ヘクタールを人間の経験と勘で捜索すればいいのです。実際、2017年6月、新潟のスキー場で1年2カ月前から行方不明になっている方の捜索を再開したところ、ドローンを使ったことで開始から22時間で発見されました。

次に、建設に関していえば、国土交通省では現在、ICTを全面的に建設現場に導入する取組み＝i-Constructionを進めており、その中でも土壌の容量計算にドローンが活躍すると考えられています。山を削って平らにする場合、どれくらいの土壌の容量があるかを計算しますが、これまでは「トラック50〜70台分」といった、いわばドンブリ勘定でした。それがドローンで計測することで「トラック58・5台分」というレベルまで精度が上げられます。ほかにも、高層ビル建設の進捗管理などにもドローンは有効です。

◆陸のドローン、海のドローンもアリ

松田　一般的な話題としては「物流」とか、今でもよく映像で見かける「空撮」とかをよく見聞きするのですが。

千葉　「物流」や「空撮」は、二つ合わせてドローン市場の10％以下と予測されています。物流に関しては、空から運ぶのと地上で運ぶのとでは、空のほうがエネルギー効率が悪くなりますから、通常の物流ではあまり利用価値がありません。その代わり、災害で孤立した場所に医薬品などを届けるケースでは利用価値が高くなります。

松田　たしかに、ピザ一つ運ぶのだったら最初のうちは話題になりますが、現実はペイしないでしょうね。

千葉　さらに言うと、みなさんの頭の中では、ドローンは空を飛んでいるイメージかもしれません。しかし、ドローンは空だけではありません。陸・海・空を含めて自動自律で移動するロボティクスであり、クラウドによって遠隔操作されているもの、これがわれわれの中でのドロー

ンの認識です。

実は、われわれが投資するベンチャーの一つに、瀬戸内海の物流を陸・海・空のドローンでやろうという企業があります。高松や坂出、宇野や笠岡といった陸の拠点から小豆島ほかの離島までの間、緊急性の高い医薬品などは空のドローンで、そのほかの荷物は１５０kgを運べるドローン船で運んでいきます。島の船着き場につくと、今度は、ロボット掃除機の大型版のようなドローンに、荷物が自動的に積み替えられ、島の階段も通過できるドローンが個人宅まで荷物を運びます。こういったドローンがいくつも動いており、その様子が統合管理システムによって管理されるというシステムです。２０１７年に実証実験が始まり、２０１８年の実用化を目指しています。

ある調査によると、買い物に費やす交通費は瀬戸内海地域の平均で1万円といわれます。このコストが下がるとすれば買い物弱者の救済になりますし、郵便や宅配便の離島に対するコスト削減にもつながります。

松田　もう一つの「空撮」の点ではどうでしょうか。

千葉　これはもう映像が変わります。特にスポーツ中継では、全く違った絵が撮れるでしょう。なかでも効果的と思われる種目がヨットです。陸からのカメラだと遠いしアングルも固定され、空からのヘリコプターのカメラだと、風の影響があるのでヨットに近づけません。しかし、ドローンだとヨットに影響を与えることなく、間近で競技の様子が伝えられます。最近では、雨風にも強く、30倍のズームカメラなどを搭載したドローンも発売されました。

松田 では、東京オリンピック・パラリンピックは映像の点でも画期的な大会になると信じていいですね。

◆「千葉道場」を主宰し若手を育成

松田 千葉さんはシード投資家としても活動されています。これまで千葉さんが支援してきたものとは何か、また、何を条件に投資してきたのでしょうか。

千葉 個人投資家としては、今、45社のスタートアップ支援をしています。その投資先は共通していて、ネットとリアルの融合により、日本経済や日本社会をプラスにする力を持つであろう企業、となります。

投資するうえで私が一番重点的に見ている条件は、社長やCEOが〝いい人〟であること。いい人とは「まじめ」「ウソをつかない」のほか、「儲かりそうだけどグレーゾーンの仕事をする人」でなく「スピードは遅くても、まっすぐホワイトの仕事をする人」に該当します。何か全く新しい事業、あるいは社会の役に立つ仕事を成し遂げたいと思ったとき、2年3年では無理で、

「“儲かりそうだけどグレーゾーンの仕事をする人”より“スピードは遅くても、まっすぐホワイトの仕事をする人”を応援したい」

10年20年、あるいは一生かかるなんてこともあるでしょう。そんな場合、流行とか話題になっていて儲かりそうだからやる、という人では、とても〝もたない〟のです。その意味で、いい人とは、逃げない人、すなわち、新事業をやる何らかの理由がある人、ストーリーや必然性がある人、その仕事が本当に好きな人、ともいえます。

松田　千葉さんは投資先企業の経営者を集めた「千葉道場」を主宰し、多くの若手を育てています。その活動内容はどんなものでしょうか。

千葉　坂本龍馬の通った千葉道場のように、それぞれのメンバーが互いにスキルを磨き上げていくというスタイルです。そのため、一方的な子弟関係ではなく、私も含めて全員が先生であり生徒の立場です。

フェイスブックのクローズドコミュニティや月1回の勉強会のほか、大きなイベントとしては、年2回合宿を行い、朝から翌朝までの連続30時間、1時間単位で様々なプログラムをこなしていきます。

たとえば、投資家との情報ギャップを埋めるための情報武装とか、スタートアップにあたり陥りがちな罠の解決策などがあります。さらに特徴的なことに、合宿内で知ったこと起きたことは、絶対に外部にもらしてはいけない決まりがあります。メモ禁止の場合もあります。しかしその分、本音で悩みをぶつけ合えるわけです。

そのほか、起業家の個人研修も行っています。一般社員であれば会社が研修を設定してくれますが、起業家に対しては研修というものはありません。いわば人材開発です。このような千葉道場や起業家研修の目的には、立ち上げたばかりであるがゆえに、小さくまとまりがちな目線を、大きく広げさせる意味もあります。

◆知見はお金と同等以上の価値がある

松田　話をドローンに戻しますと、ドローン前提社会に必要なプロデュースをしていく、と話されましたが、具体的にはどのような方法を考えていますか。

千葉　まず、一人でも多くの人に、ドローンに対して興味を持ってもらうことが大切です。そのためには、私自身、積極的な広報活動をしていきます。そのうえで、企業の方であればドローン関連企業に対する投資、あるいは提携などを検討していただければと思います。

松田　ドローンと行政、ドローンと大学の関係はどうでしょうか。

千葉　行政に関しては、われわれドローンファンドと目線もスピード感も一致していると感じています。具体的には、内閣府を中心に、ドローンに関する協議会「小型無人機に関する関係府省庁連絡会議」が2015年から立ち上がっていて、法整備のロードマップも示されました。

このままいけば、ＢｔｏＢに関しては、日本はドローン先進国になると期待しています。

これに対して、大学関係は意外にも盛り上がりに欠けている印象があります。ドローンに関する先進事例を持っているのは4～5大学ほど。たぶん、大学ではドローンよりもロボットとかＡＩに力を入れているからではないでしょうか。

もっとも、ドローンの多くの技術はロボティクスから来ており、ロボティクスの様々なセンサーと制御システムが応用されています。しかし、ロボティクスの技術はドローン用に作られたものではありませんから、われわれがその技術をドローン用にプロデュースする必要があるのです。

松田　プロデュースすることに関して、私たち法曹の人間にもできることはあるでしょうか。

千葉　ドローン技術やロボティクスに限らず、日本には様々な優れた技術が点在したり埋もれたりしています。このバラバラの技術を結びつけ、さらに知財をもって保護していくことが、未来の産業育成に重要だと思っています。弁護士、弁理士について言えば、これまでは一つの案件、一つの産業財産権について、その枠内で扱ってきました。そこには高度な知見があったはずですが、知見は1案件、1権利のための道具として使われてきました。

これからは、仕事全体の1割でもいいですから、その知見を別のこと、すなわち新しい可能性に投資することに使ってほしいと思います。投資した直後はお金にならなくても、そのビジネスや技術が育ては十分にペイするでしょうし、社会のためにもなります。知見はお金と同等以上の価値があるという認識が大切だと思います。

INTERVIEW 3 ドローンが街中を飛び交う「ドローン前提社会」はすぐそこに

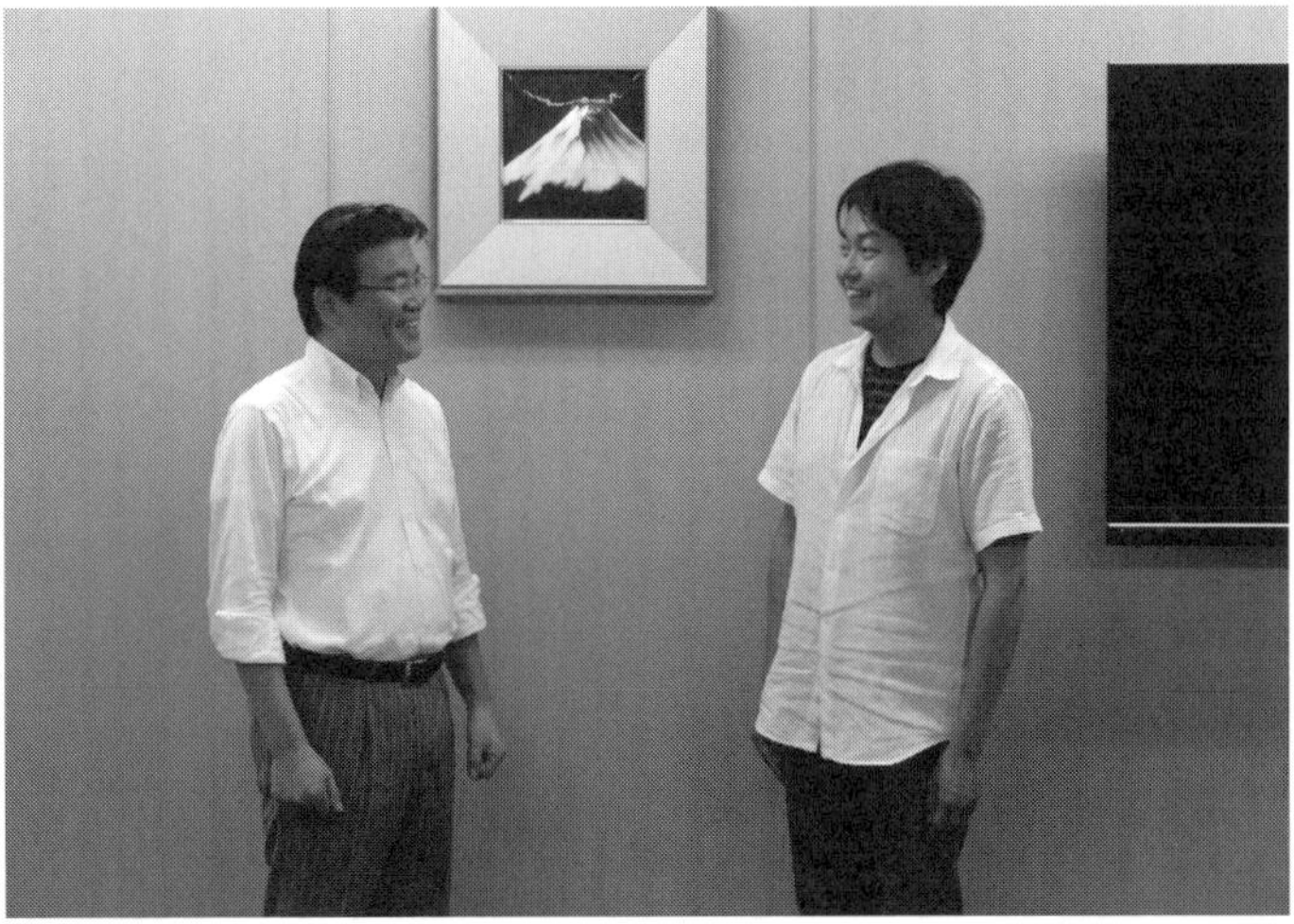

終章としてのあとがき

◆機械との付き合いで注意すべき三つのこと

フィンテック、ＡＩ、ＩｏＴなどに代表される技術の進化とその普及は、情報産業、金融業、製造業、運輸・サービス産業はもちろん、農林水産業や酪農業などすべての産業において、先端技術をベースとするプラットフォームの形成を後押しし、主導的な役割を果たしていく。

企業、特に中堅中小企業は、そうした先端技術を自家薬籠中の「モノ」として取り入れることが自らの競争力を維持し、高めていくことにつながる。企業にとっての新技術対応は、プラットフォームをベースに様々なサービスが提供される「今と近未来」がまさに勝負どころだ。

ところで、新しい技術は、その黎明期にあっては長所と短所を客観的に評価することが難しい。大抵のものにはコインの表裏のように二面性があり、完全無欠なシステムはあり得ない。

新しい技術はとにかく使えばよいという単純なものではない。情報技術においては、セキュリティに細心の注意を払い合理的な対策をとることはもちろん、企業の全体像を見渡して、社内の課題と社外（顧客を中心としたステークホルダー）との課題を洗い出して整理する。そして、解決すべき課題の優先順位と費用対効果を理解することがはじめの一歩だろう。特に、社内システムに脆弱性があったなら、大きな障害やステークホルダーとのトラブル回避のためにも、ひいては企業にとって最も大切な信用を確保する意味でも、セキュリティ対策を万全とするに越したことはない。また、適宜、更新（アップデート）が必要だ。

人間と機械との接点や関係がますます密接になっていく社会で、私たちが肝に銘じなければいけないことが三つあると思う。

一つめは、「倫理と誠実さ」である。ビットコインにまつわるマウントゴックス事件のように信用を毀損する犯罪は言うまでもなく、ウーバー・テクノロジーズの創業者のようにセクハラやパワハラなど評判を落とす事件があると、その企業価値も一緒に貶める可能性が極めて高い。経営者の不祥事は単純なゴシップといえない。経営者の倫理観は必要不可欠な資質の一つだ。

情けない不祥事が原因で新しい技術の芽まで摘まれるようなことがあってはならない。社会にとっても残念で不幸な出来事になる。サイバーテロなどの犯罪は対策技術とのいたちごっこが続くと考えるのが自然で、根絶はできないだろうが、経営者や経営幹部が自ら犯罪に手を染めるのは論外だ。

二つめは、合理的な疑問を持つ「懐疑的な心構え」だ。何でもかんでも勧められるまま、やみくもにモノやサービスを受け入れるのではなく、それが本当に必要なのか、どのような効果が得られるのか、しっかり検証、評価すべきだ。特に新しい技術はその評価が定まっていないことが多い。内容に疑問を感じ自社の人材で評価が難しい場合は第三者に評価を求めるなどして、納得できる理解を得るべきだ。

「待てよ。ひょっとして、これはおかしいのではないか。不要ではないか」という懐疑的な気持ちを冷静に持つことは社会生活全般において欠かせないと思う。

リーマン・ショックの原因となった住宅ローン関連証券の格付けは、トリプルAの乱発であった。多数の証券をそのまま販売するのではなく、トランシェといわれる切り刻んだかけらに複雑に切り刻み、そのかけらを組み合わせて証券としたため、中身の評価はほとんど不可能なほど困難であった。ムーディーズなどの格付け機関が、これらをトリプルAに格付けしたことは今では間違いであったと認識されているが、当時、怪しいと思う人はほとんどいなかった。これは金融工学に関連した過ちだが、市場のトレンドや新しい技術には、いきなり全幅の信頼を寄せる前に一度立ち止まった方がよいだろう。

三つめは、「経営者の支援」と「人材の育成・確保」だ。新しい技術は実像よりもややこしく複雑に見えることが多い。経営者は新しい技術の詳細を100％理解することは求められないが（十分な理解ができるなら、もちろん素晴らしいが）、概要を把握し、デモンストレーションでもよいので実際に使ってみること。これが導入への力強いメッセージであり、現場への支援となる。また、新しい技術を十分に理解し運用できる人材の育成と確保も必要だ。社内人材に限りがある場合、社外へのアウトソーシングが考えられるだろう。その場合でも社内で担当者を任命し、責任の所在と窓口を決めておくことが必要だ。

わが国に対しては、情報産業全般を評価かつ審査し、また、国内だけでなく海外との折衝や連携を推進する機関の設立を望みたい。情報技術については現在でもいくつかの団体があるものの、グローバルな展開に対応するには、国が率先して情報化社会を進めることが必要であり、機動的に活躍できる組織が必要だ。

国内では自治体のＩＴ化推進と住民サービスの向上、行政データの民間への開放を通じた新しい技術やサービスの促進などが望まれる。企業を対象とした相談窓口の充実も欠かせない。海外との取引では、産業別・製品別・サービス別のプラットフォームの設立とその活用が有効と思う。観光立国推進のために旅行者を増やす施策としては、ＷｉＦｉ環境の整備といったことだけでなく、たとえば、ＶＲ（ヴァーチャル・リアリティ：仮想現実）を利用したデモンストレーションを海外で行い、日本の魅力を伝えるといった手法はどうだろう。ＶＲは観光だけでなく製品やサービスの紹介にも有効と思うが、横断的な取組みに予算をつけて実行するためには国のレベルでないと無理だ。

製造業では、商品開発・製造（期間）、モノの操作・制御、アフターサービスの分野でビッグデータの解析とＡＩが有効活用される時代になる。国内、海外問わず、連携による協調が進むだろう。一つの企業では成し遂げることができない価値を創造するために、プラットフォームに参加した企業と連携や協力をする。自社の自由度を確保しながら、自分の殻に閉じこもらず、組むメリットがあるときは組む、そして最も望ましい組み方を考える姿勢が大切だ。

◆幸せになっているか、悪影響はないかを問い続ける

ところで、最近、基本的な所得をすべての人に一律に給付するベーシックインカムが話題となっている。ＡＩの発達が私たちの仕事の多くを代替するようになり、人間はあまり働かなくてもよい時代が来るのだろうか。労働のない、または最小限の生活が保障されれば、自分のやりたいこと、意義のあることをすればよいという意見に対しては、「労働から完全に解放されることで本当に幸せになれるのか」という疑問が呈される。

ベーシックインカムのみで幸せな生活が送れるかどうかは別として（多分、財源的に無理と思うが）、かなり多くの人間は意義のある活動や仕事をしたいと考えていると思う。ＡＩやロボットには得意な分野で人間の仕事を支援してもらい、省力化と生産性を飛躍的に向上してもらおう。

現代では「生産性」の意味も問い直すべきだと思う。機械の能力を2倍にして同じ時間で2倍の製品ができるようにしたり、人間が工夫して同じ時間で生産量が増えるようになったりすれば、誰にとっても生産性の向上がわかりやすい。しかしながら、様々なことが複雑に影響し合い、様々なサービスが生まれ、新しい付加価値が創造され、消費者の嗜好や満足度も変わってきている現代で、古典的な統計方法のみで価値や効用を評価すると、現在起こりつつある技術革新の付加価値などは正当な評価が難しくなる。

大量の情報をほとんどの場合無料で手に入れられるようになった効用は、どのように評価されているのだろうか。

サービス産業は生産性向上が難しい分野とされる。日本のおもてなしの心に惹かれて訪日する外国人観光客が増えており、そのホスピタリティ文化のもたらす価値と影響は極めて大きい。生産性は生産量（アウトプット）を投入量（インプット）で除したものだが、日本の観光業の生産性を正しく評価する方法はあるのだろうか。

たとえば、介護や農業の現場にロボットスーツを広く導入して重労働を軽減するといった具体的で効果のある生産性向上はあるし、全般的にいえば、広く指摘されているように日本の生産性は改善の余地はあるはずだが、巷で話題となっている「日本の労働生産性は低く先進国の中で最低」という報道は、はたして正当な評価なのかどうか疑ってみる必要があると思う。

私たち人間は、人間だけができる人間らしい仕事を続けていきたいものだが、ＡＩやロボットが活躍する経済社会では、現時点では想像もできない仕事が生まれ、新たな雇用も創出されるだろう。インターネットの起源は１９６０年代だが、当時、誰が現在の隆盛とビジネスへのインパクトを想像できたろうか。

技術革新がもたらす変化の核心は、私たちの仕事が機械に代替されることよりは、むしろ一日24時間のうちに占める労働時間や労働の質に強烈な影響を与えることにある。

技術革新は止められない。その流れにうまく乗りながら、「私たちの暮らしや生き方をより良いものにしているのか」「悪影響は生じていないのか」――折に触れて問いかけることが欠かせないと思う。

おわりに

アルベルト・アインシュタインの相対性理論によると、場所によって時間の進み方が違うので理論的に時間旅行は可能となるが、2018年3月に亡くなった英理論物理学者、スティーヴン・ホーキング博士をはじめとする専門家の意見としては「過去へのタイムトラベルはできない」というのが大勢のようだ。しかし、未来へのタイムトラベルは、動物が冬眠するがごとく冷凍保存技術などの応用で可能になるのだろう。もちろん、倫理的な問題は残るが、ひょっとするとすでに可能なのかもしれない。

過去から学ぶことはあっても、過去への賛美や郷愁は適当にしたほうがよい。タイムマシンの発明や時空のゆがみの発見がない限り過去には戻れない。

本書の最後に、私の言いたいことを次のようにまとめたい。

① 未来を正確に予言することはできないが、かなりの程度まで予測できる。しっかりと未来への準備をしよう（自ら進んでデジタルデバイドの敗者にならないように）

② 予測は時としてはずれる。一か八かの勝負はせず、経営資源の分配を慎重に決めよう。

経営の実行はＰＤＣＡサイクルに基づき修正しながら最適を目指そう

③境界線のない複雑な、というより実態や関係性がわかりにくい社会環境となった。過剰な情報を妄信せず、懐疑的な心を持って物事を判断しよう

④何でもかんでも自分でやる時代ではない。提携や協力をしてビジネスの拡大や効率化を目指そう

⑤企業は特定の個人や集団のものではない。社会の公器だ。すべての関係者に配慮した誠実な行動をとろう。それが結局王道であり、幸福につながる

ところで、アインシュタインは、科学的な成果のみならずユニークな哲学者としても知られる。非常に物腰の柔らかく、大らかな人間性を持っていたといわれるが、72歳の誕生日に、ＩＮＳ通信社のアーサー・サス記者によって撮影された、おどけたような、ふざけたような「アインシュタイン舌出し写真」が有名でご存知の方も多いだろう。

実はアインシュタインは写真嫌いで、人前では仏頂面、めったに笑顔を見せたことがなかったといわれる。新聞記者の執拗なリクエストに応えて、写真が使い物にならないよう、わざと舌を出して「あっかんべー」をしたとの話もある。新聞に掲載後は、「ふざけている」「不愉快だ」という読者のクレームが相次いだが、アインシュタイン自身はその写真をとても気に入り何枚

も焼き増しを直接依頼したという。写真は1951年度ニューヨーク新聞写真家賞のグランプリを受賞した。

アインシュタインが舌を出した本音はわからないが、天才らしからぬユーモアを感じさせる写真で面白いと思う。ユーモアも、今のところAIにはほとんどない、私たち人間の優れた才能ではないだろうか。計算速度や記憶力でAIに負けるのは仕方ないとしても、ユーモアのセンスでは負けないようにしたい。

これまでお読みいただき心から感謝するとともに、最後にアインシュタインの数ある名言から一つをご紹介して本書の幕を閉じたい。皆様の真剣な夢がカタチになる未来を願って。

過去から学び、今日のために生き、未来に対して希望をもつ。
大切なことは、何も疑問を持たない状態に陥らないことである。

謝辞

本書の執筆にあたりご協力をいただいた皆様に謝辞を送りたい。

株式会社ＺＵＵ代表取締役の冨田和成氏、大阪大学産業科学研究所の鷲尾隆教授、投資家の千葉功太郎氏には、筆者とのインタビューに応じていただき、それぞれ、金融、人工知能、ドローンなどの分野における課題や将来像につき、示唆に富む、考えさせられる話を聞かせていただいた。私自身大変勉強になり、何度も眼を見開く思いを感じた。

Ａｆｅｒｏ　Ｊａｐａｎ株式会社創業者兼代表取締役の松村慎一郎氏には、ＩｏＴや通信セキュリティの現状と課題について教えていただいた。

安曇出版の寺島豊氏とトレードルートの片岡伸雄氏には、本書の校閲や編集、さらには装丁も含め、とても丁寧に、また辛抱強く対応していただいた。

これらの人たち、そして、常日頃、筆者と事務所を支えてくれている数多くの方々、お名前の披露は差し控えさせていただくものの、心から感謝申し上げる。

参考文献

・『FinTech 入門』辻庸介、瀧俊雄、日経 BP 社、2016 年
・『FinTech 大全』スザンヌ・キシュティ、ヤノシュ・バーベリス、日経 BP 社、2017 年
・『スマートコントラクト本格入門』鳥谷部昭寛・加世田敏弘・林田俊弥、技術評論社、2017 年
・『決済インフラ入門』宿輪純一、東洋経済新報社、2016 年
・『人工知能　人類最悪にして最後の発明』ジェイムス・バラット（水谷淳 訳）、ダイヤモンド社、2015 年
・『AI 時代の働き方と法』大内伸哉、弘文堂、2017 年
・『成功企業に学ぶ　実践フィンテック』北尾吉孝、日本経済新聞出版社、2017 年
・『FinTech 2.0』楠真、中央経済社、2016 年
・『ビジネスパーソンのための人工知能超入門』東洋経済新報社編、2016 年
・『人工知能＆ IoT ビジネス』日経ビッグデータ特別編集版、日経 BP 社、2016 年
・『API 革命　つながりが創る次代の経営』日経 FinTech 編、日経 BP 社、2017 年
・『AI 現場力』長島聡、日本経済新聞出版社、2017 年
・『超 AI 時代の生存戦略』落合陽一、大和書房、2017 年
・『AI 経営で会社は甦る』冨山和彦、文藝春秋、2017 年
・『決定版 AI 人工知能』樋口晋也・城塚音也、東洋経済新報社、2017 年
・『シンギュラリティ・ビジネス』齋藤和紀、幻冬舎、2017 年
・『人類の未来』ノーム・チョムスキーほか、吉成真由美編、NHK 出版新書、2017 年
・『いま世界の哲学者が考えていること』岡本裕一郎、ダイヤモンド社、2016 年
・『経営の針路』平野正雄、ダイヤモンド社、2017 年
・『伊藤元重が警告する日本の未来』伊藤元重、東洋経済新報社、2017 年
・『2050 年の技術　英エコノミスト誌は予測する』英エコノミスト編集部、文藝春秋、2017 年
・『未来の年表　人口減少日本でこれから起こること』河合雅司、講談社現代新書、2017 年
・『マッキンゼーが予測する未来』リチャード・ドッブスほか、ダイヤモンド社、2017 年
・『隷属なき道』ルトガー・ブレグマン、文藝春秋、文藝春秋、2017 年

松田 純一（まつだ じゅんいち）

松田綜合法律事務所　所長弁護士・弁理士。

1984年慶應義塾大学法学部法律学科卒業。1996年オランダ・ライデン大学研修、1996～1997年米国カリフォルニア大学バークレー校客員研究員、2002～2005年跡見学園女子大学マネジメント学部非常勤講師、2005年千葉商科大学大学院修士課程特別講師、2012～2013年司法試験委員（行政法）、2014年公益財団法人日印協会評議員就任、2014年度東京弁護士会副会長。中小企業から上場企業に至る幅広い顧客に法的助言を提供するとともに、様々な企業取引や海外進出の支援を行う。得意分野はM&A、労働案件、不動産案件、知的財産権。著書・共書として、『これならわかる新「会社法」要点のすべて』（日本実業出版社）、『個別労働紛争解決手続マニュアル』『労働時間・休日・休暇をめぐる紛争事例解説集』（以上、新日本法規出版）など。

知《し》っておきたい　これからの情報《じょうほう》・技術《ぎじゅつ》・金融《きんゆう》

2018年 9月10日　初版発行

著　者　松田純一　

発行者　寺島　豊

発行所　株式会社　安曇出版
〒113-0033 東京都文京区本郷 4 - 1 - 7　近江屋第二ビル 402
TEL 03(5803)7900　FAX 03(5803)7901
http://www.azmp.co.jp　　振替　00150 - 1 - 764062

発　売　株式会社　メディアパル
〒162-0813 東京都新宿区東五軒町 6 - 21
TEL 03(5261)1171　FAX 03(3235)4645

ISBN978-4-8021-3122-3　Printed in Japan

印刷／製本：日本ハイコム株式会社
